名校名师名课·教学资源共享

围绕游戏，漫步数学

施洪亮　何智宇◎编著

华东师范大学出版社

·上海·

序　言

　　施洪亮老师是我的学生,他从华东师大数学系毕业后即进入华东师大二附中工作,在教学第一线取得了不俗的成绩,特别是在发现和培养创新型人才和资优生教育方面硕果累累.他辅导的学生中有的还荣获了国际数学奥林匹克金牌和丘成桐中学数学奖.

　　审读了电子版的书稿后,我觉得此书不同寻常.作者在寓数学教育于数学游戏方面做了重要的实践探索,内容非常有意义.本书是他20年中学数学教育研究和思考的成果,蕴含了作者"以激发兴趣引领创新"的数学教育教学理念.

　　著名数学家陈省身曾说"数学好玩",在数学家眼里,数学是思维的体操,确实是好玩的.然而更多人说,数学是抽象的、枯燥的、难懂的,在实际生活中是没有用的.我们在数学教学中应该如何改变这种现象?在数学教学中怎样让学习者觉得数学好玩、有趣且启迪思维,进而激发学生的主动学习数学的兴趣,是摆在我们每一位数学教育工作者面前的一个问题.

　　《围绕游戏,漫步数学》一书中收入了30个游戏或趣题,有中国传统的,也有国际上流行的;有贴近现实生活的游戏,也有较为新颖的与现代数学有关的趣题.每个游戏均给出了背景、问题的解法、问题的数学原理阐述以及问题的拓展学习与思考.作者围绕这些数学游戏,精心设计,深入浅出地编制相关的数学内容,通过让学生玩游戏,在游戏过程中锻炼思维能力和动手能力,引发学生数学思考,进而品味到数学的奥秘、欣赏到数学的美、理解到数学智慧、领略到数学家的风采.

游戏与数学相辅相成.作者以拓展型选修课平台做了一个很好融数学于游戏的尝试,我相信本书对广大中学师生开展数学课外活动来说是一个可以借鉴和参考的好资料.在《围绕游戏,漫步数学》出版之际,写了以上的一些体会,与洪亮老师共勉,同时也向各位读者发出呼吁,希望大家一起努力推广数学游戏,在数学游戏中领略数学美景,在数学游戏中学好数学并启迪数学创新.

熊　斌

2018 年 7 月

前　言

　　2000多年前古希腊著名哲学家亚里士多德在所著的《诗学》中已蕴含了"寓教于乐"的思想,后由古罗马诗人、文艺理论家贺拉斯明确地表达出来.寓教于乐的形式是多样的,在实践中还会有很多创新,寓教于游戏是最直观、最容易被认同的.如打扑克、下象棋、玩魔方、做数独、轮流取物等游戏活动,可以锻炼人们的思维和动手能力,具有典型而清晰的教育功能.当人们用数学的眼光去看待很多游戏时,很容易认识到游戏不但是好玩的,也可以是严肃的、有用的、深奥的.

　　游戏与数学作为两项人类活动具有许多共同的特点,这种共性主要体现在它们的性质、结构以及实践等三个方面.数学与游戏之间的关系是相互渗透、相互统一的关系.游戏的精神一直伴随着数学的成长和发展,成为数学发展的主要动力之一,并从以下几个方面影响了数学的发展:游戏激发了许多重要数学思想的产生;游戏促进了数学知识的传播;游戏是发现数学人才的有效途径;游戏还在数学教育中起着非常重要的作用.数学与游戏息息相关,数学也将在一个更高的层次上复归游戏.

　　抽象的数学很理性,而游戏让人感性.德国思想家席勒认为人的感性与理性一直存在着冲突,但数学游戏为感性与理性相结合提供了前所未有的条件.数学游戏使学习不再是被机械地灌输知识,参与数学游戏的过程就是智力与想象力的开发和培养过程,而且可以升华为对世界的创造.可以预见的是,人们未来的工作、生活很多都会与数学游戏有更深度的融合,因此数学游戏的教育必须被充分挖掘.

笔者从教以来致力于培养学生的数学创新素养,始终认为数学游戏是一个非常好的抓手,曾大力推动了上海市的中小学生智力游戏大赛、游戏与数学嘉年华活动等在华东师大二附中举行.笔者于2014年9月第一次面向华东师大二附中学生开设"游戏与数学"课程,试图在寓数学教育于数学游戏方面做一点实践探索,以期围绕数学游戏,让学生漫步数学花园并感受到数学的芬芳.几年来在华东师大二附中两个校区面向初高中学生开设多轮,积累了一定的案例.特此结集,与数学教育同仁及数学游戏爱好者分享.

施洪亮

写给选课同学的话

同学,你喜欢数学吗? 你觉得数学好玩吗? 如果你的答案不是那么肯定,不妨来华东师大二附中学习"游戏与数学"这门拓展选修课程吧. 也许,这门课程会改变你对数学的看法.

回首我们的学习生涯,很多人对数学学习的记忆并不愉快. 有人认为数学枯燥,数学难懂,数学一点也不好玩. 数学真的有那么无趣吗? 其实不然. 2002 年 8 月在北京举行国际数学家大会期间,91 岁高龄的数学大师陈省身先生为少年儿童题词,写下了"数学好玩"4 个大字. 有人会说,陈省身先生认为数学好玩,因为他是数学大师,他懂数学的奥妙;对于我们凡夫俗子来说,数学太深奥了. 但陈省身说,他从小就觉得数学好玩. 正因为觉得数学好玩,才兴致勃勃地玩个不停,最终陈省身玩成了数学大师,并不是成了大师才说数学好玩.

"游戏与数学"课将依托那些具有娱乐和消遣性质的并带有数学因素的游戏和智力难题让大家感悟数学,并训练思维. 从游戏入手让中小学生体会到数学好玩,数学无所不在. 在很多有趣的游戏活动中,数学是幕后的策划者,是游戏规则的制定者. 玩纸牌、玩魔术、玩幻方、玩数独、玩七巧板、玩九连环、玩汉诺塔、玩魔方、玩称球、玩取物,不少人玩起来乐而不倦. 玩的人不一定知道,所玩的其实是数学. 这些游戏,使人在玩游戏的过程中启迪思想、开阔视野、锻炼思维能力.

世界上好玩的事物,很多需要有了感受体验才能食髓知味. 通俗理解游戏就是玩,所以"游戏与数学"就是一门让大家玩数学的课程. 它试图让大家在游戏的过程中不知不觉学习数学,掌握一些重要的数学思想方法,进而提升创新意识与创新能力;通过了解一些数学趣题、数学文化,适当扩大知识面和对数学文化的认同;提高学生对"数学是什么"、"数学有什么用"的认识,进而更全面地理解数学.当然,中小学生从游戏中体会到的好玩,与数学研究者所感受到的好玩,是有所不同的.但只要我们学会在玩游戏中思考,也许你就会爱上数学.

游戏本身并不是数学的终点,它不能完全取代对所有数学活动的分析,数学中的游戏娱乐、美学欣赏、哲学思考、实用价值探索等因素是如此紧密地交织在一起,因此本课程设计了较多动手实践的环节,还有思辨整合的作业考评.有些数学游戏的结论很迷人,但我想说:**"发现数学结论的过程,很多时候比数学结论本身更美妙."**

本课程对学生的数学基础没有特别要求,除华东师大二附中本部高中生外,也适合华东师大二附中国际部和初中学生学习,希望广大数学爱好者踊跃参选.希望大家一起在畅玩游戏中漫步数学花园.

目 录

第一部分

单人游戏

第一讲 数字黑洞

一、 游戏导入

　　任取一个四位数,四位数字完全相同的数除外.提取该数个、十、百、千位上的数字,按从大到小的顺序排列,得到由这四个数字组成的最大的四位数;按从小到大的顺序排列,得到由这四个数字组成的最小的四位数;用这个最大的数减去这个最小的数,得出一个新的四位数;重复上述操作.例如:取四位数8351,排列得最大数8531,最小数1358,相减得7173;再排列3、7、1、7这四个数字得7731和1377,相减得6354······请大家动手尝试,看看最后会得到什么.

　　如果你已经有所发现,请将操作对象改为各位数字不完全相同的三位数,进行上述操作,看看有些什么新的发现.对于两位数、五位数、六位数······大家都可以试一试.

二、 游戏背景

　　经过一系列尝试,大家可能会发现,任意四位数经过有限次操作后都会变成6174.任何四位数都逃不出6174这个结果,就像任何靠近黑洞的物质都会被黑洞吸收一样,所以我们把这样的数称作黑洞数.黑洞数又称陷阱数,具有奇特的转换特型.任何一个数字不全相同的整数,经有限"重排求差"操作,总会得到某一个或一些数,这些数即为黑洞数."重排求差"操作,即用组成该数的数字重排后得到的最大数减去重排后得到的最小数.这是印度数学家卡普雷卡尔最先发现的,6174 是四位数的卡普雷卡尔黑洞数,最多需要七步.495 为三位数的重排求差黑洞数,而且最多需要六步;两位数的黑洞数是 90→81→63→72→54 这些数的一个循环,我们称这样的循环为黑洞圈.

三、 游戏破解

下面证明 6174 是四位数的黑洞数.

先证:任何四位数经一步"重排求差"操作后只会变成 54 个可能的数之一.设 M 是一个四位数字不完全相同的四位数,其四位数为整数 a、b、c、d. 不妨设 $a \geq b \geq c \geq d$,因为它们不全相等,该式中等号不能同时成立.经一次重排求差操作,得到新数为 $M1 = (1000a + 100b + 10c + d) - (1000d + 100c + 10b + a) = 999(a - d) + 90(b - c)$. 由 $a \geq b \geq c \geq d$ 可推出:$a - d > 0, b - c \geq 0$ 且 $a - d \geq b - c$. 因此,$a - d$ 有 9 个取值,而 $b - c$ 只能取不大于 $a - d$ 的自然数. 故 $M1$ 共有 $2 + 3 + 4 + \cdots + 10 = 54$ 个可能值.

在这 54 个可能值中,有一部分是数码相同而排列顺序不同的值,即再经过一次重排求差操作可得到相同值.排除这部分数,余下 30 个数是 9990,9981,9972,9963,9954,9810,9711,9621,9531,9441,8820,8730,8721,8640,8622,8550,8532,8442,7731,7641,7632,7551,7533,7443,6642,6552,6543,6444,5553,5544.对于这 30 个数逐个检验,至多 6 步就出现 6174 这个数.证毕.

四、 游戏背后的数学

经研究发现,四位数有黑洞数 6174;五位数有黑洞圈 53955→59994,74943→62964→71973→83952,63954→61974→82962→75933;六位数有黑洞数

631764，549945；七位数有黑洞圈 7519743 → 8429652 → 7619733 → 8439552 → 7509843 → 9529641 → 8719722 → 8649432 → 7519743；八位数的黑洞数是 97508421，63317664；九位数的黑洞数是 864197532，十位数的黑洞数是 6333176664；十一位数有黑洞数 86431976532 和黑洞圈 76320987633 → 96442965531 → 87320987622 → 96653954331 → 86330986632 → 96532966431 → 87331976622 → 86542965432 → 76320987633；十二位数有黑洞圈 975550844421 → 975110888421 → 977750842221 → 975550844421；十三位数的黑洞数是 8643319766532，十四位数的黑洞数是 63333317666664；十五位数的黑洞数是 864333197666532.

观察上面列举的黑洞数，6174、631764、63317664、633317664 都是黑洞数. 猜测：$\underbrace{633\cdots3}_{n\text{个}3}1\underbrace{766\cdots6}_{n\text{个}6}4$ 是 $2n+4$ 位数的一个黑洞数；同样地，$86\underbrace{433\cdots3}_{(n-2)\text{个}3}197\underbrace{66\cdots6}_{(n-2)\text{个}6}532$ 是 $2n+5$ 位数的一个黑洞数.

先要说明的是，任何数最终都会进入黑洞数或者黑洞圈. 我们可以通过反证法来解释. 若存在一个 n 位数，经过重排求差操作不会得到一个黑洞圈，即不会存在一个循环. 那么对这个 n 位数进行无限次操作，每次得到的答案都是不同的. 而进行重排求差操作后得到的答案的可能是有限的. 因此，对于任意 n 位数，必定存在一个黑洞圈.

下面证明，$\underbrace{633\cdots3}_{n\text{个}3}1\underbrace{766\cdots6}_{n\text{个}6}4$ 是 $2n+4$ 位数的一个黑洞数.

$\underbrace{633\cdots3}_{n\text{个}3}1\underbrace{766\cdots6}_{n\text{个}6}4$ 经过重排求差操作，得到

$$\underbrace{766\cdots6}_{n+1\text{个}6}\underbrace{433\cdots3}_{n\text{个}3}1 - 1\underbrace{33\cdots3}_{n\text{个}3}4\underbrace{66\cdots6}_{n+1\text{个}6}7 = \underbrace{633\cdots3}_{n\text{个}3}1\underbrace{766\cdots6}_{n\text{个}6}4.$$

得证. 同理，可证明 $2n+5$ 位数的黑洞数. 请同学们自己尝试.

五、 拓展学习与思考

（1）数字黑洞 153

任意找一个 3 的倍数的数，先把这个数的每一个数位上的数字都立方，再相

加,得到一个新数,然后把这个新数的每一个数位上的数字再立方、求和,……重复运算下去,就能得到一个固定的数——153,它也是一种数字"黑洞".

例如:① 63 是 3 的倍数,按上述规律运算如下:

$6^3 + 3^3 = 216 + 27 = 234, 2^3 + 4^3 + 3^3 = 8 + 64 + 27 = 99,$

$9^3 + 9^3 = 729 + 729 = 1458, 1^3 + 4^3 + 5^3 + 8^3 = 1 + 64 + 125 + 512 = 702,$

$7^3 + 0^3 + 2^3 = 351, 3^3 + 5^3 + 1^3 = 153, 1^3 + 5^3 + 3^3 = 153.$

② $3^3 = 27, 2^3 + 7^3 = 351, 3^3 + 5^3 + 1^3 = 153……$

如果换另一个 3 的倍数,试一试,仍然可以得到同样的结论.

除了 0 和 1,自然数中各位数字的立方之和与其本身相等的只有 153、370、371 和 407(此四个数称为"水仙花数").为使 153 成为黑洞,我们开始时须取一个可被 3 整除的正整数.分别将其各位数字的立方求出,将这些立方相加组成一个新数然后重复这个程序.除了"水仙花数"外,一个 n 位数的自然数各个数字的 n 次方之和等于它本身的,还有四位的"玫瑰花数"(1634、8208、9474),五位的"五角星数"(54748、92727、93084).当数字个数大于五位时,这类数字就叫做"自幂数".

(2)数字黑洞 123(西西弗斯数)

随便选一个很大的数,作为一块"大石头",如 63904792.我们以此为基础,按如下规则转换成一个新的三位数.第一步:数出多位数中偶数的个数(包括 0 个),并以它作为新数的百位数;第二步:数出多位数中奇数的个数,并以它作为新数的十位数.第三步:将原数的总位数作为新数的个位数.63904792 中偶数的个数有 4 个,奇数的个数有 4 个,原数为八位数,于是得出新数为 448.重复上述操作,对 448 作同样的变换.3 个偶数,奇数有 0 个,原数为三位数,于是就得出 303.再经转换就得到 123.一旦得到 123 后,就再也不变化了.好比被西西弗斯推上山的石头又落到地上,一番辛苦白费.

六、 动手做

1. 完成水仙花数字黑洞的证明.

（提供此题证明思路如下：

① 如果一个数能被 9 整除,那么这个数所有位上的数字之和是 9 的倍数. 如：81 与 8+1, 144 与 1+4+4.

② 如果一个数能被 3 整除,那么这个数所有位上的数字立方之和是 9 的倍数. 利用 $(a+b)^3 = a^3 + 3ab(a+b) + b^3.$)

2. 思考：如何构造 n 位数的黑洞数?（可以从两位数的黑洞圈循环入手. ）

第二讲 冰雹猜想

一、游戏导入

任意写出一个自然数 N,并且按照以下的规律进行变换:如果是个奇数,则下一步变成 $3N + 1$. 如果是个偶数,则下一步变成 $\frac{N}{2}$. 将得到的结果重复上述操作,持续下去,看看到底会发生什么? 例如,对 3 来说,其变化路径为 3—10—5—16—8—4—2—1,此后一直 4、2、1 循环.

二、游戏背景

20 世纪 70 年代中期,美国许多人乐此不疲地玩着上面这种数学游戏.学生、教师、研究员、甚至教授都纷纷加入.人们发现,无论 N 是怎样一个数字,最终都无法逃脱回到谷底 1.这就是著名的"冰雹猜想".由于其由日本人角谷传入中国,因此又叫"角谷猜想".

冰雹的最大魅力在于不可预知性.虽然 27 是一个貌不惊人的自然数,但是如果按照上述方法进行运算,则它的上浮下沉异常剧烈:首先,27 要经过 77 步的变换到达顶峰值 9232,然后又经过 32 步到达谷底值 1. 全部的变换过程(称作"雹程"）需要 111 步，其峰值 9232，达到了原数 27 的 342 倍左右，如果以瀑布般的直线下落（2 的 N 次方）来比较，则具有同样雹程的数字 N 要达到 2 的 111 次方．其对比何其惊人！但是在 1 到 100 的范围内，像 27 这样的剧烈波动是没有的．

1992 年李文斯（G. T. Leavens）和弗穆兰（M. Vermeulen）已经对 5.6 × 10^{13} 以内的自然数进行了验证，均未发现反例．著名学者盖伊（R. K. Guy）在介绍这一世界难题的时候，竟然冠以"不要试图去解决这些问题"为标题．经过几十年的探索与研究，人们似乎接受了大数学家埃尔德什（P. Erdös）的说法："数学还没有成熟到足以解决这样的问题"．这个猜想，目前没有反例，也没有证明．

三、 游戏破解

下面给出 26 和 27 达到谷底 1 的路径：

26：26→13→40→20→10→5→16→8→4→2→1

27：27→82→41→124→62→31→94→47→142→71→214→107→322→161→484→242→121→364→182→91→274→137→412→206→103→310→155→466→233→700→350→175→526→263→790→395→1186→593→1780→890→445→1336→668→334→167→502→251→754→377→1132→566→283→850→425→1276→638→319→958→479→1438→719→2158→1079→3238→1619→4858→2429→7288→3644→1822→911→2734→1367→4102→2051→6154→3077→**9232**→4616→2308→1154→577→1732→866→433→1300→650→325→976→488→244→122→61→184→92→46→23→70→35→106→53→160→80→40→20→10→5→16→8→4→2→1

观察一些类似的"路径图"，会发现只要成为 2 的幂，数字就会断崖式下滑至 1，因此，只要上述操作能够得到 2 的幂，就宣告结束了．由于 2 的幂无穷无尽，因此该猜想的可能性也是无穷的．

四、 游戏背后的数学

冰雹猜想的论证与哥德巴赫猜想类似,虽然单个验证容易,但很难找到一套规律用于无穷的数,许多人都在尝试,下面介绍一下其中一种论证思路——猜想举例论证. 要证明: 对于任何一个自然数 A:

① 如果 A 为偶数,就除以 2;如果 A 为奇数,就乘以 3 加上 1,得数记为 B;

② 将 B 代入 A 重新进行①的运算,若干步后,得数为 1.

因为任何偶数都能变成 2^a 或一个奇数乘 2^b. 前者在不停地除以 2 之后必定为 1,因为它们只有质因数 2. 而后者则只能剩下一个奇数,我们可以把偶数放在一边不谈. 现在只剩下奇数了.

我们假设一个奇数 m,当他进行运算时,变成 $3m + 1$. 如果这个猜想是错误的话,那么就有 $\dfrac{3m + 1}{2^c} = m$,且 m 不等于 1. 我们尝试一下:

当 $c = 1$ 时,$3m + 1 = 2m$, $m = -1$,不符合,舍去;

当 $c = 2$ 时,$3m + 1 = 4m$, $m = 1$,不符合,舍去;

当 $c = 3$ 时,$3m + 1 = 8m$, $m = 0.2$,不符合,舍去;

当 $c = 4$ 时,$3m + 1 = 16m$, $m = \dfrac{1}{13}$,不符合,舍去;

……

猜测,能推翻冰雹猜想的数只在 1 或以下的范围,所以没有数能推翻这个猜想.

上述只是证明这个猜想的一个思路,如何证明 m 没有大于 1 的整数解还有待思考.

五、 拓展学习与思考

如果我们把上述猜想中的乘 3 改为乘任意一个 3^x(其中 x 为任意自然

数），那么该猜想就是正确的了. 下面我们就来证明这一点.

首先我们证明一个引理：任何一个正整数都可以表示成如下形式：

$$2^{a_1} \times 3^{b_1} + 2^{a_2} \times 3^{b_2} + 2^{a_3} \times 3^{b_3} + \cdots + 2^{a_n} \times 3^{b_n},$$

其中 $0 \leqslant a_1 < a_2 < a_3 < \cdots < a_n$，且 $b_1 > b_2 > b_3 > \cdots \geqslant 0$（$a_i$，$b_i \in \mathbf{N}^*$，$i = 1$，$2$，$\cdots$）.

例如，$213 = 3^4 + 2^2 \times 3^2 + 2^5 \times 3$ 就是这样一种符合上述规则的表示法.

反证：假设存在整数不能用这种方法来表示，那么一定存在一个最小的不能用这种方法来表示的数，不妨把它叫做 y. 显然 y 不能是偶数，否则把 $\dfrac{y}{2}$ 的表示法中的每一项都乘 2，就能得到 y 的一种表示了. 再考虑 y 是奇数的情况. 不妨设 $3^i \leqslant y < 3^{i+1}$，其中 i 是正整数. 于是，$y' = y - 3^i$ 就是一个偶数，并且 $\dfrac{y'}{2} < 3^i$. 把 $\dfrac{y'}{2}$ 的表示法中的每一项都乘 2，再加上一个 3^i，就能得到 y 的一种表示了. 所以，不存在无法用上述方法表示的整数. 证毕.

下面我们就来证明，不断地执行 $n \to 3^x \cdot n + 1$（当 n 为奇数时）以及 $n \to \dfrac{n}{2}$（当 n 为偶数时）的变换，任何一个正整数最终都能变为 1. 还是以 27 为例. 在这种情况下，把 27 变成 1 的步骤数能大幅减少：

$$\cfrac{\cfrac{\cfrac{\cfrac{27 \times 3^2 + 1}{2^2} \times 3 + 1}{2^3} \times 3^2 + 1}{2^4} \times 3 + 1}{2^4} = 1$$

在这个过程中，我们一共除以了 16 个 2. 也就是说，上式中所有 2 的指数之和是 16. 等式两边同时乘以 2^{16}，可得到：$27 \times 3^7 + 3^5 + 2^2 \times 3^4 + 2^5 \times 3^2 + 2^9 \times 3 + 2^{12} = 2^{16}$. 其中，等式左边的 $3^5 + 2^2 \times 3^4 + 2^5 \times 3^2 + 2^9 \times 3 + 2^{12}$ 正好是 $2^{16} -$

27×3^7 的一个表示法.

所以,为了证明某个正整数 n 最终能变为 1,我们只需要证明,存在适当的 a 和 b,使得 $2^a - n \cdot 3^b$ 有一个符合上述要求的表示法,并且该表示法第一项里 3 的指数小于 b. 由于 $\log_3 2$ 为无理数,因而很容易看出,对于任意的正整数 n,我们总能找到一个 b,使得 $[n \cdot 3^b, (n+1) \cdot 3^b)$ 区间内包含某个 2 的整数次幂. 把这个 2 的整数次幂记作 2^a. 既然每一个正整数都有一个合法的表示法,那么 $2^a - n \cdot 3^b$ 也有一个合法的表示法. 又因为 $2^a - n \cdot 3^b < 3^b$,所以的表示法第一项里 3 的指数一定小于 b.

为什么对于任意的正整数 n,我们总能找到一个 b,使得 $[n \cdot 3^b, (n+1) \cdot 3^b)$ 区间内包含某个 2 的整数次幂呢?为了便于理解,我们用如下模型解释. 设想有一个总长为 1 的圆形轨道,轨道上有一个周长为 r 的轮子,其中 r 为某个大于 0 的无理数. 在轮子上的某个位置涂一个墨点. 让轮子从圆形轨道上的某一位置出发,沿着轨道往前滚动. 每次墨点接触轨道时,都会在轨道上留下一个记号(轮子上的墨点不会干掉,滚过已有的记号时也不会反过来沾上墨点). 我们可以证明一个结论:轮子沿着轨道一圈一圈地滚动下去之后,轨道上的各个地方都会稠密地分布着记号.

首先,任意两个记号的位置都不会重合,否则某个整数倍的 r 就会等于某个整数,这与无理数 r 的性质相矛盾. 因此,轮子转了无穷多圈之后,轨道上也会留下无穷多个记号. 取任意大的正整数 N,把轨道平均分成 N 份,每份的长度都是 $\frac{1}{N}$. 根据抽屉原理,一定有两个记号落入了同一份里. 这两个记号之间的距离 d 小于 $\frac{1}{N}$. 不妨假设轮子从先产生的那个记号出发,转了 k 圈之后来到了后产生的那个记号;那么,从此处出发再转上 k, $2k$, $3k$, … 圈,就会继续得到一系列间隔为 d 的记号. 如果正整数 N 足够大,间隔 d 就会足够小,由此产生的记号也就会足够密地分布在整个轨道上了.

同样地,把 $[n \cdot 3^0, n \cdot 3^1)$,$[n \cdot 3^1, n \cdot 3^2)$,$[n \cdot 3^2, n \cdot 3^3)$,… 看成一个个等长的区间,区间的长度都是 lg3. 而 20, 21, 22, … 也就成了一系列的等距

点,相邻两个点之间的距离是 lg2. 如果把 lg3 的长度看作 1 个单位,那么 lg2 的长度就是 $\frac{\lg 2}{\lg 3} = \log_3 2$ 个单位,这是一个无理数. 这就完全相当于周长为 $\log_3 2$ 的轮子沿着总长为 1 的圆形轨道滚动. 根据刚才的结论,由此得到的标记将会稠密地分布在这些等长区间内的各种位置,当然也就会有不少标记落进了形如 $[n \cdot 3^b, (n+1) \cdot 3^b)$ 的区间里.

六、动手做

若把 $3N + 1$ 改为 $3N - 1$,情况如何?为什么 $3N + 1$ 时不会出现如此情况?试着用简单的方法证明 10000 以内的数均符合该猜想.

第三讲 汉诺塔游戏

一、 游戏导入

给每位学生分发"玩具",如下图 3-1 所示:一平板上有固定的三根柱子,标号为 A、B、C,其中 A 柱子上有大小不等的三个圆盘.要求学生将三个圆盘从 A 柱子转移到 C 柱子上,每次移动一个圆盘,同一根柱子上的大盘子始终不能在小盘子上方.为使 C 柱子上的三个圆盘的摆放位置与 A 柱子相同,问最少需要移动几次?

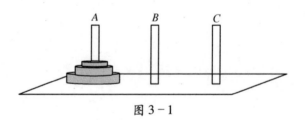

图 3-1

如果你已经得到结论,请试着思考,如果 A 柱子上有四个或是五个大小不等的圆盘,其他条件不变,那么至少移动几次可以实现目标? 要是变成 64 个圆盘呢? 变成 n 个圆盘呢?

二、 游戏背景

汉诺塔,又称梵天塔,是由法国数学家爱德华·卢卡斯提出的. 相传印度的一座神庙有一个大房间,里面有 3 个古老的柱子,周围有 64 个金色圆盘. 婆罗门的祭司在古代预言的驱使下,日复一日地按上述规则移动着这些盘子. 根据预言,当这个谜题的最后一步完成时,世界就将在一声霹雳中毁灭,而梵塔、庙宇和众生也都将同归于尽.

汉诺塔是一种经典的益智玩具,可以帮助开发智力,激发探究思维. 汉诺塔谜题在数学界也有很大的研究价值,一些数学家至今还在研究这个问题以及它的各种变体.

如果移动一个圆盘需要 1 秒钟的话,等到 64 个圆盘全部重新落在一起,宇宙将会在何时毁灭呢?

三、 游戏破解

我们先来看看转移 64 个圆盘需要多少次移动. 1 个圆盘的时候显然只需移动 1 次, 2 个圆盘时需要移动 3 次, 3 个圆盘需要移动 7 次……列出下表.

表 3 - 1

圆盘数	移动最少的次数	规　　律
1	1	$2^1 - 1$
2	3	$2^2 - 1$
3	7	$2^3 - 1$
4	15	$2^4 - 1$
5	31	$2^5 - 1$
…	…	…
n	$2^n - 1$	$2^n - 1$

进行归纳猜想,可得当圆盘数为 n 的时候,所需移动次数为 $2^n - 1$.

也就是说, $n = 64$ 的时候是 $2^{64} - 1$ 次.

上述分析过程,主要用到了递归数列的方法:

假设有 n 片,移动次数是 $H(n)$. 显然 $H(1) = 1, H(2) = 3, H(3) = 7$,且 $H(k + $

$1) = 2H(k) + 1$.

通项公式为 $H(n) = 2^n - 1$.

因此,如果移动一个圆盘需要 1 秒的话,宇宙的寿命为 $H(64) = 2^{64} - 1$ 秒.

$H(64) = 2^{64} - 1$ 到底有多大呢?动动计算器,答案是一个二十位的数字,约是 $1.84467440 \times 10^{19}$,用 60 秒 × 60 × 24 × 365 = 31536000 秒来计一年,大约有 5800 亿年,约为宇宙年龄的 42 倍.太阳及其行星形成于 50 亿年前,其寿命约为 100 亿年.真的过了 5845.54 亿年,不说太阳系和银河系,至少地球上的一切生命,连同梵塔、庙宇等,都早已经灰飞烟灭.

四、 游戏背后的数学

问题描述:A 柱子上从下到上按金字塔状叠放着 n 个不同大小的圆盘,要把所有盘子一个一个移动到柱子 B 上,并且每次移动后,同一根柱子上都不能出现大盘子在小盘子上方,求最少的移动次数.

设最小移动次数为 A_k,将这 $k-1$ 只盘子看做一个整体,那么每当完全移动这个整体时,都需要 A_{k-1} 步.

当有 k 只盘子,要做的只有将 $k-1$ 只盘子整体移到第二根柱子上,然后将最底部的第 k 只盘子移到第三根柱子上,最后将 $k-1$ 只盘子整体移到第三根柱子上.我们需要的步数 $A_k = 2A_{k-1} + 1$,则 $\dfrac{A_k + 1}{A_{k-1} + 1} = 2$,所以 $A_k = 2^{k-1}(A_1 + 1) - 1$.

由 $A_1 = 1$ 得 $A_k = 2^k - 1$,所以我们得到一般式 $A_n = 2^n - 1 \, (n > 0)$.

容易验证这种方法的确是次数最少的,证明非常简单.不信可以从 2 个盘子的移动开始检验,读者可以试试.

五、 拓展学习与思考

在经典汉诺塔的基础上改变某些条件,可以得到新的问题.

（一）双倍汉诺塔问题

假设有 A、B、C 三个柱子，有 n 种大小的圆盘，每种大小的圆盘有黑白两色，它们颜色相间地、从小到大地排在 A 柱子上. 其他规则不变，我们的目标是将这 $2n$ 个圆盘转移到 C 柱上.

（1）不需要保证最终 C 柱上相同大小的盘子的颜色顺序与 A 一致时，求最小移动次数 $J(n)$；

（2）需要保证最终 C 柱上相同大小的盘子的颜色顺序与 A 一致时，求最小移动次数 $K(n)$.

解：（1）本小问中的移动相当于是把前一个问题中的每个盘子多移动一次，也就是：$J(n) = 2H(n) = 2(2^n - 1) = 2^{n+1} - 2$.

（2）我们来说明一个现象，假如 A 柱子上有两个大小相同的盘子，上面一个是黑色的，下面一个是白色的，我们把两个盘子移动到 B 上，需要两次，盘子顺序将变成黑的在下，白的在上，然后再把 B 上的盘子移动到 C 上，需要两次，盘子顺序将与 A 上时相同，由此我们归纳出当相邻两个盘子都移动偶数次时，盘子顺序将不变，否则上下颠倒. 现在回到最开始的问题，n 个盘子移动，上方的 $n - 1$ 个盘子总移动次数为 $2H(n - 1)$，所以上方 $n - 1$ 个盘子的移动次数必定为偶数次，最后一个盘子移动次数为 1 次.

综上两点，可以得出，要把 A 上的 $2n$ 个盘子移动到 B 上，首先可以得出上方的 $2n - 2$ 个盘子必定移动偶数次，所以顺序不变，移动次数为：$J(n - 1) = 2^n - 2$.

然后再移动倒数第二个盘子，移动次数为 $2J(n - 1) + 1 = 2^{n+1} - 3$，最后移动最底下一个盘子，所以总的移动次数为

$$K(n) = 2[2J(n - 1) + 1] + 1 = 2[2^{n+1} - 3] + 1 = 2^{n+2} - 5.$$

（二）受限汉诺塔问题

在经典汉诺塔问题中，若要求每次移动要么在第二个柱子上面放置一个盘

子,要么从第二个柱子上面取走一个盘子.求最小移动次数 $K(n)$?

如果 $n = 1$,从第一个柱子的盘子,先移到中间柱子上,然后移到第三根柱子,移动次数为 $K(1) = 2$.如果 $n > 1$,则按照下面的步骤:

① 过中间的柱子(第二个柱子),递归地从第一个柱子上移动上面 $n - 1$ 个盘子到第三根柱子上.

② 第一根柱子上的最下面的盘子移到中间第二个柱子上.

③ 过中间的第二个柱子,递归地从第三个柱子上移动 $n - 1$ 个盘子到第一个柱子.

④ 中间柱子的盘子移动到第三个柱子上.

⑤ 过中间的柱子,递归地从第一个柱子移动 $n - 1$ 个盘子到第三个柱子上.

移动步数的递归关系: $K(n) = 3K(n - 1) + 2(n > 1)$, $K(1) = 2$.

该式子可以使用替代法求得 $K(n) = 3^n - 1 (n > 0)$.

下面证明以上的算法是移动步数最少的情况:当 $n \geq 1$ 时, $K(n) \geq 3^n - 1$.(注:第一、二、三个柱子分别表示左、中、右柱子)

当 $n = 1$ 时, $K(1) \geq 3 - 1$ 成立.现在假定该不等式对于 $n \geq 1$ 个盘子成立,再考虑 $n + 1$ 个盘子.在最大的盘子移动之前,所有的 n 个小一些的盘子都必须位于第三个柱子上.通过归纳假设,至少需要移动 $3^n - 1$ 次盘子.将最大的盘子移动到中间的柱子至少需要一次移动.然后把最大的盘子移动到第三个柱子之前,所有的 n 个比它小的盘子都必须位于左边的柱子;通过归纳假设,至少需要移动 $3^n - 1$ 次盘子将它们移动到那儿.将最大的盘子从中间柱子移动到右边的柱子,至少需要移动一步,将 $n - 1$ 个盘子从左边的柱子移动到右边的柱子也至少需要移动 $3^n - 1$ 次.总结起来,该算法所产生的总的移动步数一定满足下面的不等式:

$$K(n) \geq (3^n - 1) + 1 + (3^n - 1) + 1 + (3^n - 1) = 3^{n+1} - 1.$$

从而 $K(n) = 3^n - 1$ 的确是最少的步数.

（三）经典汉诺塔的再思考

对于经典的汉诺塔问题，能否找到一种方法，用来确定我们需要怎样进行移动？

（1）时针移动路径

一位美国学者发现一种意想不到的简单方法，可以按以下步骤进行：

第一步，将三根柱子依次排成"品"字型，若 n 为偶数，按顺时针方向依次摆放 A、B、C；若 n 为奇数，则按逆时针方向依次摆放 A、B、C. 再将圆盘放在 A 柱上.

第二步，找到最小的圆盘，将它记为圆盘 1. 将圆盘 1 按顺时针移动到下一个柱子上.

第三步，在不含圆盘 1 的两个柱子上，将可以移动的圆盘移动到另一个柱子上. 即若其中一个柱子为空，就将非空柱子上的圆盘移动到空柱子上；若两个柱子都非空，就移动较小的那个圆盘.（这一步的操作实际上是唯一的）

反复执行第二步和第三步，就可以得到完成汉诺塔的移动步骤.

比如，三阶汉诺塔的移动步骤为：$A \rightarrow C, A \rightarrow B, C \rightarrow B, A \rightarrow C, B \rightarrow A, B \rightarrow C, A \rightarrow C$.

（2）n 次立方体与哈密顿回路

定义"n 次立方体" Q_n 为 2^n 个顶点相连而成的图形，每个顶点都用 $\{0, 1\}$ 进行编号，编号有且仅有一位不同的两个顶点是相连的，其余顶点间没有连边. 我们的目标是找到一条路径，它从图中的全 0 顶点出发，沿着连边移动，经过图中每个顶点且只经过一次，最终回到起点. 这样的一条路径成为"哈密顿回路". 在 Q_2 中，哈密顿回路是 00, 10, 11, 01, 00. 上述回路暗藏了圆盘的移动方法：从 00 点到 10 点，需要移动圆盘 1；从 10 点到 11 点，需要移动圆盘 2；从 11 点到 01 点，需要移动圆盘 1. 回路的最后一条边对汉诺塔游戏是无用的. 汉诺塔游戏的解法总是会对应一个哈密顿回路.

（四）双色汉诺塔问题

假设有 A、B、C 三个柱子，有 n 种大小的圆盘，每种大小的圆盘有黑白两色，一开始，这 $2n$ 个圆盘颜色相间地、从小到大地排在 A 柱上．其他规则不变，我们的目标是使圆盘根据其颜色分别在 B 柱和 C 柱上从小到大排好（如图 3-2）．

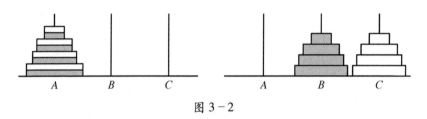

图 3-2

在进行双色汉诺塔时，要求将不同颜色的圆盘放在不同的石柱上，所以游戏变得更加复杂了．同样地，我们可以假设 n 层双色汉诺塔至少需要 $G(n)$ 步，很快可以得到 $G(1)=1$，$G(2)=6$，$G(3)=27$．

假设 A、B、C 三根石柱中 A 上有 n 个圆盘，则我们要先用 $H(n-2)$ 步将 $n-2$ 个圆盘转到 B，再将一个圆盘从 A 到 C．再用 $H(n-3)$ 步将 B 中 $n-3$ 个圆盘移至 C 中，再将 B 中最后一个圆盘移至 A，再将 C 中 $n-5$ 个圆盘转到 B 中，将 C 中一个圆盘移至 A 上……接下来请同学们课后思考．

六、 动手做

（一）需要制作 3 个煎饼，所用的煎锅一次只能同时煎两个煎饼．煎饼的两面都需要烤，完成一面的煎炸需要 1 分钟，无论一次制作一个煎饼还是一次同时制作两个煎饼．请问这项工作的最短时间是多少？

（二）n 个大小各异的煎饼无序地叠在一起，你有一把平底铲，可以将它塞到任意一个煎饼的下面，并将上面所有的煎饼翻转过来．我们的目标是将所有煎饼从小到大地排序，最大的在下面．问题是：要达到目标，至少需要多少次翻转呢？有没有一种算法能解决该谜题呢？

第四讲 数 回

一、游戏导入

课堂上分发给每位同学们一张印有如图 4-1 的练习纸，请每位同学熟悉下面的规则，并且按照要求完成操作.

1. 在相同点距大小的棋盘上，用直线（竖线或横线）将两相邻点连接起来，目标是要让所连的线形成一个封闭环圈；

2. 位于四点之间的数字，表示这四点所构成方格上的边线数目. 而没有数字的地方则代表周围的边线数目未知；

图 4-1

3. 连线时，不能让最后连出来的整条线上出现交叉或分支；

4. 不能出现两个以上的封闭环圈.

二、游戏背景

数回（slither link）是数学智力游戏的一种，是一个训练逻辑的解谜游戏，大约于 1989 年由日本的 Nikoli 公司发明. 数回在日本又叫 Sli-Lin，由棋盘格与位于棋盘格内的数字 0，1，2，3 四个数所构成. 每一个数字，代表四周划线的数目，并在最后成为一个不间断、不分岔的回路,解题时必须透过数字所提供的线索,在棋盘格线上连出一条不间断的封闭环圈,因此也被称为数圈或栅栏.它规则简单,解题过程富有挑战性.它不但拥有画迷宫般的乐趣,更可以训练自己利用逻辑思维,冷静推断,有系统地抽其丝、剥其茧,脑力全面提升.

三、 游戏破解

答案如图 4-2.

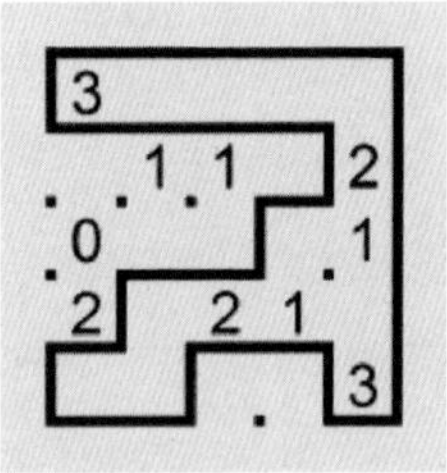

四、 游戏背后的数学

图 4-2

（一） 在解决这类问题中常用的技巧有:

1. 如图 4-3 左图,在"0"的周围划上"×";

2. 若"0"的相邻位置有"3",则此"3"的周围线条可被确定,如图 4-3 右图;

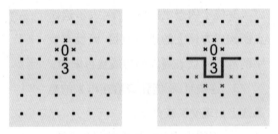

图 4-3

3. 如图 4-4,若"0"的对角位置有"3",则此"3"的周围两条线条可被确定;

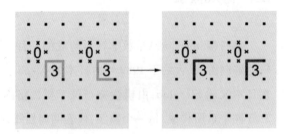

图 4-4

4. 如图4-5,若有相邻的两个"3",则可确定三条平行线段;

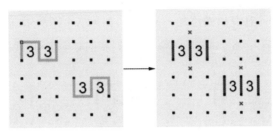

图 4 - 5

5. 如图4-6,对角的两个"3"可确定四条线段.

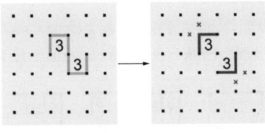

图 4 - 6

小结:对于有些有多种可能的解法,可以找出所有解法中都必须经过的线路,找出必经的线路后,在不可能的线路上做上标记.

(二) 游戏中常用的推理策略:

1. "2"的约束:如图4-7,左图中加粗点必定被经过. 推出在图中的一条线段.

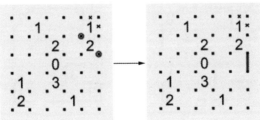

图 4 - 7

2. 假设法:

① 如图4-8中第一个图所示,如果我们在第一行的左数第一个"3"的旁边标记×,我们不得不在其周围添加三条线段,如第二个图所示,而这将使得右上角的"3"存在矛盾.因此,如最后一幅图所示,我们必须将×用线段取代.

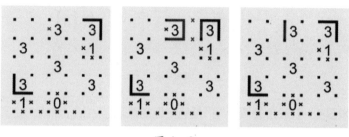

图4-8

② 如图4-9第一个图所示,如果右底角的"3"处回路向上延续,我们会被迫建立一个封闭回路,如第二个图所示.因此,回路不能向上延续,我们将其用×标记.

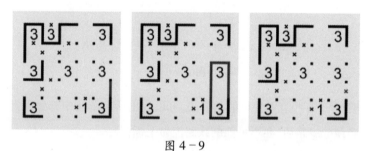

图4-9

③ 在图4-10的第一个图中,斜线表示右上角"2"的回路.我们不知道这个回路是将往中心扩展还是往角落扩展,但是我们知道回路必将连接加粗

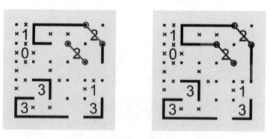

图4-10

的点.如最后一幅图所示,这俩条斜线必将是回路的一部分.

小结:当思绪阻塞时,用假设法,但要记住它的核心"瞻前顾后".

五、 拓展学习与思考

在标准数回之后也出现了数回的变型,这里给大家介绍拐角数回(Turning Fences).

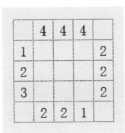 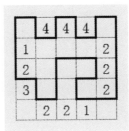

图 4 - 11

规则:将点与点连接形成一条回路,路径不可重叠或交叉,提示数表示的是路径若经过该格四角时候 90 度拐角的个数.下面图 4 - 12 是一道 Bram De Laat 出的题目,我们来介绍拐角数回的玩法.

图 4 - 12

首先图 4 - 13 的左图中我们把必定是拐点的点标出来(绿色),他们不但有拐点的含义,同时也表示一定经过这个点.另外还有一些非拐点的也标出来(红色),他们不是拐点,但是可能垂直或水平经过,也是重要的线索.然后顺势可以得到一些点是否是拐点如图 4 - 13 的右图.

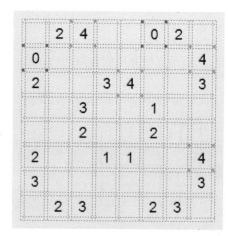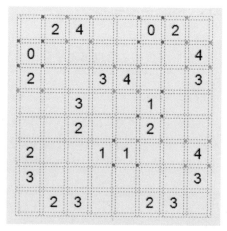

图 4 - 13

这是我们注意在边上的拐点,因为一个拐点肯定是上下路径之一和左右路径之一的组合,它们本身有一边是边线,故得下图 4 - 14 的左图:右上角部分可以顺势连线如图 4 - 14 的右图.注意拐点位置.如果圈处往右拐的话,那么提示 3 的右下角也会有拐点,拐点就会成为 4 个,故路径并不经过 3 的右下角这点.

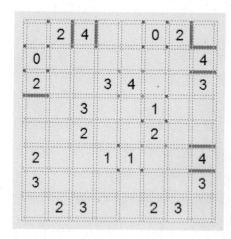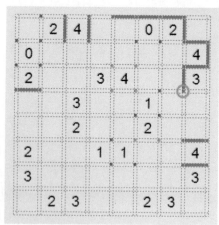

图 4 - 14

此时看这两个线头图 4-15 左图,他们之一肯定是往左边的位置走,但由于左侧红色标注的都不能是拐点,若从下侧进入则没有出路,故由上侧点进去左侧区域,根据拐角提示,路径也可以唯一确定如图 4-15 的右图.

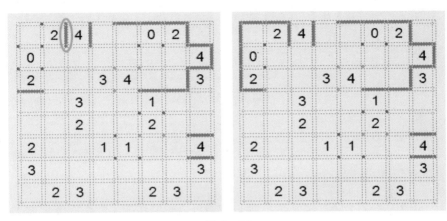

图 4-15

如图 4-16 左图的这个拐点若往上走则没有出口,故只能往下,其左侧的拐点同理,得 4-16 的右图.

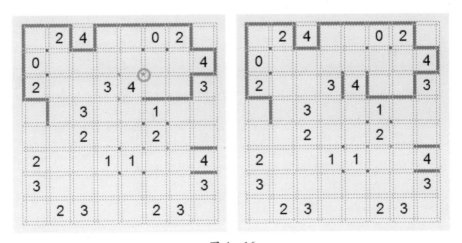

图 4-16

如图 4-17 的左图圈住的点往上走则会出现第四个拐点了,不符合 3 的提示,故往下走得到 4-17 的右图.

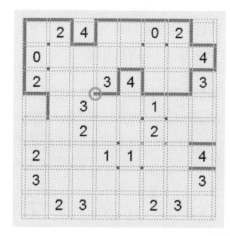 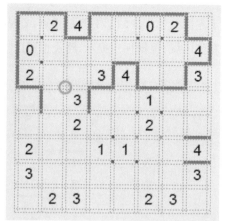

图 4-17

因为路径不会经过这个点了,所以我们可以确定其余 3 个点是拐点,顺势可以推出其他拐点的位置.图 4-18 中左图的圈这点不可能向上走,只能向下如 4-18 的右图.因为上方是拐点,故不会垂直经过红点,下方的绿点往下走得到图 4-19 的左图.

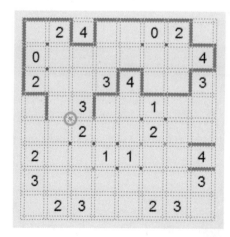 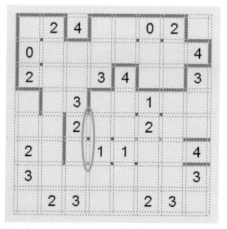

图 4-18

如图 4-19 的左图圈的这个绿点不能往上或往右,所以路径是往下和往左,同理其右侧的绿点也是往下走的,得到图 4-19 的右图.在 4-19 的右图

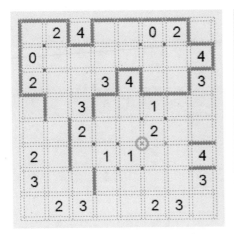
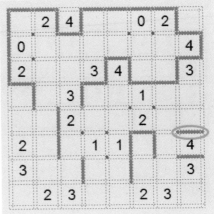

图 4-19

中圈的这两个点必定有一个往上走，所以我们需要给他们找一条出路．暂时先停住．

如图 4-20 的左图圈住的这个点只能往左走．右图中圈住的两个这个点和这条线是满足左下提示数的唯一路径，故我们可以确定第八行左侧 3 的拐点位置．其他一些路径都能顺势连出来，得到 4-21．

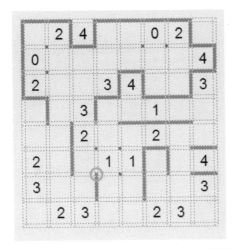
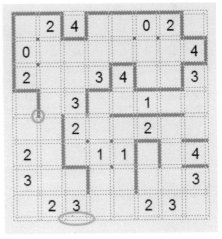

图 4-20

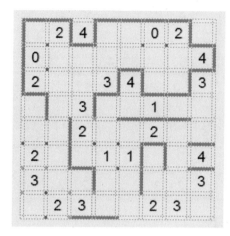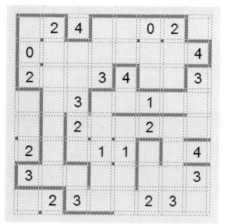

图 4 - 21

如果图 4 - 22 左图的这个是拐点,那么 2 的拐点数是无法满足的,因为只会出现一个拐点了(大家可以想想为什么). 因为右图中 3 的上方两点都是拐点,如果圈这点也是拐点,则剩下那点不是拐点,横向经过无法满足左下角的提示 3,故拐点应该是图 4 - 23 左图的情况.

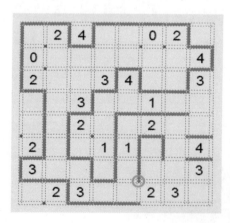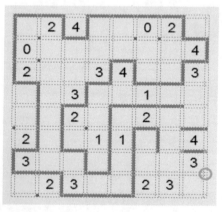

图 4 - 22

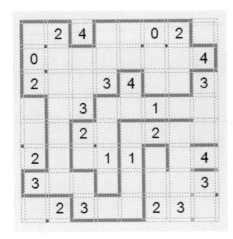
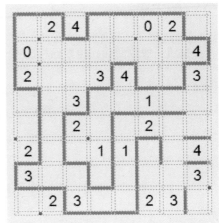

图 4 - 23

还是最开始的思路,你想到了么? 对了,边上拐点的处理. 接下来也是按照拐点来处理,可最终得到图 4 - 24.

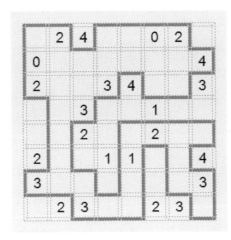

图 4 - 24

六、 动手做

按照一般数回和拐角数回将图 4 - 25 完成.

图 4 - 25

第五讲 神秘的 $\sqrt{2}$

一、游戏导入

1. 课前准备两张清晰的人物肖像正面照,请同学们首先将肖像的左侧眉角和左侧嘴角连线,再将右侧眉角和右侧嘴角连线,这两条直线在下巴处相交,测量这两条直线的夹角.

2. 给每位同学一张 A3 纸和 A4 纸各一张,测量他们的长宽之比(有条件的还可以找到 A1 纸,A2 纸,A5 纸进行测量)如果你已经找到了结论,那么请把各种规格的纸张对折,你有什么惊喜的发现吗?

二、游戏背景

$\sqrt{2}$ 是中学阶段开始学习无理数之初最先接触的无理数,许多学生都还记得它的历史伴随着希帕索斯之死——约在 2500 年前,古希腊毕达哥拉斯学派的弟子希帕索斯发现:以一个正方形的边为长度单位去量这个正方形的对角线,这一对角线的长度不能用有理数表示.希帕索斯的发现,第一次向人们揭示了原来的有理数存在缺陷,说明并不是任意线段的长度都能用有理数来表示;也说明有理数并没有布满数轴,在数轴上存在着不能用有理数表示的"孔隙".这一伟大的发现,引起了人们对一种新的数的研究,促使人们从依靠直觉、经验而转向重视理性分析和论证,推动了公理几何学与逻辑学的发展,并且孕育了微积分的思想萌芽.这种新的数是无限不循环小数,被称为无理数.数学家经过长期的坚持不懈的努力,在这认识的基础上逐步建立了实数的理论.

1786 年,德国科学家格奥尔格·克里斯托夫·利希腾贝格在给约翰·贝克曼的信中描述了以长宽比 $\sqrt{2}$ 作为纸张尺寸的优点.它成为了 ISO 216 所定义的纸张尺寸国际标准,其中 A4 是最常用的尺寸.它们被列入 1798 年关于出版物征税的法律.

由此,利希腾贝格比例得以命名,而以 A4 纸的短边为边长,划出一个正方形并裁掉,剩下长方形的长宽比即 $1:(\sqrt{2}-1)$,也等于 $(\sqrt{2}+1):1$,约等于2.414,许多人也把利希腾贝格比例称为白银比.

那些好莱坞公认的美人,比如说奥黛丽·赫本(Audrey Hepburn),玛丽莲·梦露(Marilyn Monroe)等明星的化妆术也与 $\sqrt{2}$ 密不可分.

三、 游戏破解

那些好莱坞公认的美人,都是有"美人角"的,那么美人角到底是什么呢?如果从你的眉角过嘴角做两条直线,在下巴处相交,若夹角为 45 度,那么这就是美人角啦,所以"美人角"是化妆术中的一条"潜规则",化妆师依据固定的嘴角来调节眉角的长度.

复印纸的长宽比都是 $\sqrt{2}:1$. 长宽比为 $\sqrt{2}$ 的矩形纸具有如下特性:将纸张沿着两个长边的中点所在的直线切割或折叠成两半时,每一半具有相同的长宽比 $\sqrt{2}:1$,并且其面积为整张纸面积的一半.等效地,如果沿着长边并排放置长宽比为 $\sqrt{2}:1$ 的两张相同尺寸的纸张,则它们形成长宽比为 $\sqrt{2}$ 的较大矩形,并且纸张的面积加倍.ISO 216 的纸张规格特色在于,所有尺寸的纸张长宽比都相同.A0 对裁后可以得到 2 张 A1,A1 对裁可以得到 2 张 A2,依此类推.这两项特色让 ISO 216 规格的纸张非常好用,画在 A4 纸上的图画可以等比例放大到

A0 海报上.手边只要有某一款 ISO 216A 系列的纸,即能做出任意大小的 A 系列,如图 5－1.(B 系列和 C 系列的纸也是如此)

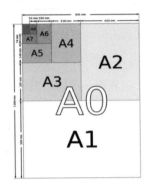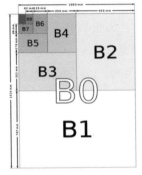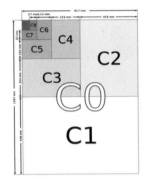

图 5－1

四、游戏背后的数学

美人角与 $\sqrt{2}$ 有着怎样的关系呢? 找一张正方形纸,沿对角线对折,对角线与边的夹角就是 45 度,此时对角线所在的斜边与正方形边所在的边长度之比就是 $\sqrt{2}$.

五、拓展学习与思考

神秘的 $\sqrt{2}$ 无处不在.现在的一些舞台剧中,舞台都必须做成正方形,因为演员要根据斜边走场,这才能做出最好的舞台效果.在日本,很多房间布局、榻榻米的设计都用到了 $\sqrt{2}$.比如图 5－2 的菱形,对角线的比刚好是白银比,因此可以将其如图那样三个并排,制造出一个等比例放大的菱形,放大的比刚好是白银比.此外还经常出现在地板瓷砖的图案设

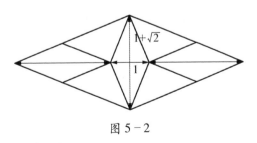

图 5－2

计中,特别是伊斯兰风格的设计镶嵌过程也需要用上白银比,最后构成的众多正八边形里,依然也有白银比.

白银比还与三角平方数、佩尔数等都有关系.

佩尔数的数列从 0 和 1 开始,以后每一个佩尔数都是前面的数的两倍加上再前面的数.最初几个佩尔数是:

0,1,2,5,12,29,70,169,408,985,2378,后一项和前一项的比值会趋近白银比.

此外 $\sqrt{2}$ 还可以写成一个无限连分数.无限连分数的特征是"在一个分数里面包含着另一个分数",形如: $a_1 + \cfrac{1}{a_2 + \cfrac{1}{a_3 + \cdots}}$. 通常也可以写成紧缩形式:

$a_1 + \cfrac{1}{a_2 +} \cfrac{1}{a_3 +} \cdots$,或者记作:$[a_1; a_2, a_3, \cdots]$,其中 $a_1, a_2, a_3, \cdots$ 是正整数.$\sqrt{2}$ 的

连分数表示如下: $\sqrt{2} = 1 + \cfrac{1}{2+} \cfrac{1}{2+} \cfrac{1}{2+} \cfrac{1}{2+} \cfrac{1}{2+} \cfrac{1}{2+} \cfrac{1}{2+} \cdots$.

六、 动手做

（一）给家人或朋友化妆,试着体现美人角;

（二）搜集整理白银比和三角平方数的关系;

（三）搜集整理 $\sqrt{2}$ 是一个无理数的证明方法.

第六讲　七桥问题

一、游戏导入

　　课前发给学生画有图 6-1 的一张纸,其中 A,B,C,D 代表四处城区,曲线部分代表河流,河流上方有七座小桥.请同学思考:如何不重复地走完这七座桥,即一次走遍七座桥,而每座桥只允许通过一次的走法.允许从任意一座桥出发.

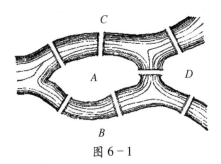

图 6-1

二、游戏背景

　　柯尼斯堡曾是东普鲁士的首府,现称加里宁格勒,在俄罗斯境内.在柯尼斯堡城中横贯着一条普列戈利亚河,河上有 7 座桥,城中的居民经常沿河过桥散步或去岛上购物.于是有人提出了这个问题:能否一次走遍这 7 座桥,每座桥只通过一次,并且最后又回到出发点？当时没有人能解决这个著名的"柯尼斯堡七桥问题".

1735 年,有几名学生写信给天才数学家欧拉,请他帮助解决这个问题.欧拉并未轻视这道源自生活的小题.经过一年的研究,欧拉于 1736 年向圣彼得堡学会递交了一份名为《柯尼斯堡的七座桥》的论文,圆满地解决了这一问题.这篇论文震惊了当时的数学界,人们赞叹这位数学天才的创作能力.

同时,欧拉也开创了数学的一个新分支——图论.

三、 游戏破解

欧拉是如何解决这道难题的呢？他的证明方法十分巧妙,如图 6-2,他用点 A、B、C、D 四个点分别表示柯尼斯堡城的四个地区 A(岛区)、B(南区)、C(北区)、D(东区),七座桥则看成这四个点的连线.

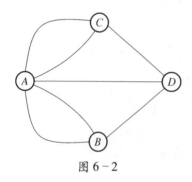

图 6-2

这样"七桥问题"就转化为是否能用一笔不重复地画出过此七点的图形.假设可以画出来,则图形中必有一个起点和一个终点,如果这两个点不重合,则与起点或终点相连的线都必是奇数条(称奇点),如果起点与终点重合,则与之相连的线必是偶数条(称偶点),欧拉注意到,如果一个图可以一笔画,那么每个不是起点或终点的点一定要是偶点.但是图 6-2 中的每个点都是奇点,因此不可能一笔画出,更不要说在此基础上还要回到原点了.

四、 游戏背后的数学

图论是一个非常有趣又应用广泛的数学学科.它在物理、化学、生物、科学管理、计算机等学科都有广泛的应用.图论与数学的其他分支,如群论、矩阵论、概率论、拓扑、数值分析、组合数学等都有着密切的联系.

图论研究的图(graph)并非图形、图像(image)或地图(map).通常来说,我们会把图视为一种由"顶点"组成的抽象网络,网络中的各顶点可以通过"边"实现彼此的连接,表示两顶点有关联.

为了研究一笔画问题,我们需要先了解一些图论中的基本概念.

顶点(vertex)和边(edge)是图论中最基础、最基本的两个概念.顶点,表示某个事物或对象.也可以称顶点为点、节点、结点、端点等;边,表示的是事物与事物之间的关系.在画一个图的时候,顶点的大小、形状和边的长短、粗细都不重要.

用一个图能够一笔画的前提之一是这个图要是连通的,即任意两个顶点都可以用一条路径相连.一般我们把从某一点出发后一笔画完一个图的路径称为一条欧拉路;如果一欧拉路的起点和终点是相同的,则称它为一条欧拉回路.具有欧拉回路的图称为欧拉图.

一个顶点关联的边数称为顶点的度(degree).度为奇数的点称为奇顶点(以下简称奇点),度为偶数的顶点称为偶顶点(以下简称偶点).

欧拉找到一笔画的规律是:

1. 凡是仅由偶点组成的连通图,一定可以一笔画成.以任何一个点作为起点都可以以这个点为终点一笔画完此图.

2. 只有两个奇点其余都为偶点的连通图也一定可以一笔画成.只要以其中一个奇点为起点,另一个奇点为终点,即可一笔画完此图.

3. 其他情况的图都不能一笔画出.

简而言之,一笔画定理告诉我们,一个连通图 G 能一笔画当且仅当它有 0 个或 2 个奇点.

接下来我们给出一笔画定理的证明.

(下面的证明中 v_i 表示点,e_i 表示边.)

我们先证明可以一笔画的连通图 G 要么是仅由偶点组成的,要么只有 2 个奇点.

欧拉图中任何一个不是起点或终点的点 v_i,进出它的边的总数一定是偶数,即这样的点一定是偶点.如果起点 v_0 和终点 v_k 是同一个点(即欧拉回路的情形),则它的度也为偶数,从而此时图只由偶点构成;如果起点 v_0 和终点 v_k 不是同一个点,则它们的度一定都为奇数,故 G 中有且只有 2 个奇点.

我们再来证明仅由偶点组成的或有且只有 2 个奇点的连通图一定可以一笔画.

实际上,我们总可以用如下的方法将这条欧拉路构造出来:

(1) 如果图 G 是仅由偶点组成的,我们可以任意一个顶点 v_i 出发构造一条没有重复边的回路 $L_1: v_i \rightarrow e_1 \rightarrow v_1 \rightarrow e_2 \rightarrow \cdots \rightarrow v_i$. 如果 G 有且只有 2 个奇点,即起点 v_0 和终点 v_k,因为 G 是连通的,我们可以构造一条从 v_0 出发到 v_k 的无重复边的路 $L_1: v_0 \rightarrow e_1 \rightarrow v_1 \rightarrow e_2 \rightarrow \cdots \rightarrow v_k$.

(2) 如果 L_1 经过了 G 的所有边各一次,那么 L_1 就是我们要找的欧拉路.

(3) 如果 L_1 未经过 G 的所有边,就去掉 L_1 的所有边及由此产生的孤立的顶点(不与其他点用边连接的点),得到一个新的图 G', G' 中每个结点的度数都一定是偶数. 从 L_1 与 G' 的一个公共顶点 v_j 出发,可以构造一条没有重复边的回路 L_2.

(4) 如果 L_1 和 L_2 组合在一起恰为 G,则将他们连接在一起就得到了一条欧拉路,否则,重复第 3 步,如此一直进行下去,必然可得到一条经过图 G 所有边的欧拉路.

证明过程如图 6-3 所示.

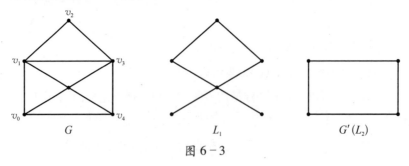

图 6-3

五、 拓展学习与思考

（一）如果连通图 G 恰有 $2n$ 个奇顶点，那么必可用 n 笔画成，并且至少要用 n 笔才能画成.

证明：设图 G 可以用 k 笔画成，那么图 G 可以分成 k 条链（不同的边组成的序列成为链），每条链上至多有两个奇点，所以 $2k \geqslant 2n$. 所以至少要用 n 笔画成.

也就是说如果任一条路线从一个奇顶点开始，并且继续走下去直至到达一个顶点，那里已经没有新的支路可走的话，那么这后一个节点必是奇顶点. 因为每当到达一个偶节点时，必有一条可以离开它的支路. 相仿地，每当我们通过一个奇节点时，必在到达时经过一条边的顶点而离开时又经过一条边的顶点. 但是当它是一条路线的终点时，我们只到达该点，故只经过一条边的顶点. 如果把这条路线抹掉，那么剩下的图将只有 $2n - 2$ 个奇顶点. 因此，抹掉 n 个这样的路线之后，剩下的将是一个或多个仅有偶顶点的网络. 但是它们中的每一个必有几个与已抹去的路线共有的顶点，因而皆可作为那些路线之一的一部分. 所以整个通道恰有 n 条而不多于 n 条路线. 由此得知，正如欧拉说过的，如果奇顶点多于两个，那么该图不可能一笔画成.

（二）五房间问题

图 6-4 是一个有五个"房间"的大矩形，这个谜题的目标是用一条连续的线穿过所有"墙"一次. 图 6-5 给出了一个失败的解法，因为有一面墙未被穿过.

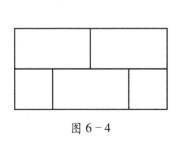

图 6-4

图 6-5

实际上,我们可以将这个看似复杂的问题转化为类似七桥问题的一笔画问题.首先将每个房间抽象成顶点(别忘了整个矩形外面也应看作是一个房间),将墙壁抽象为边.就得到了五房间问题的图.图6-6中的数字表示顶点的度.

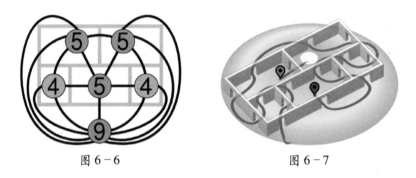

图6-6   图6-7

可以看到,奇顶点有4个,不满足欧拉一笔画定理的条件,因而这个问题是无解的.但如果我们适当减弱题目的要求,例如,如果这个房间不修建在平面上,而是一个圆环上,那么路可以从圆环的下面穿过,此时这个问题是有解的,如图6-7.

(三)哈密顿游戏

1859年,威廉·哈密顿爵士在给友人的信中谈到了这个关于十二面体的数学游戏:将正12面体的每个顶点看作一个城市,两个顶点间的连线视为旅行线,能否找到一条旅行线,经过每个城市恰好一次,再回到出发地?

哈密顿游戏就是要在一个正十二面体的棱上找出一条路线,它通过所有的顶点,并且每个顶点只通过一次,哈密顿爵士发明了这个游戏——如果可以说它是一个游戏的话.他在这个多面体的20个顶点旁分别写上一个字母,它们各自代表一个城市的名字.它的30条棱构成唯一可能的路线.

用一个立体模型来思考问题是很不方便的,用这个十二面体在平面上的投影来替代它要方便许多.图6-8中的(2)与图(3)同样可用以解答我们的问题,且画起来要容易得多.

完成这个计划的哈密顿规则宣读于1857年在都柏林召开的不列颠联合会上,由图看出,解答之一是路线ABCDEFGHJKLMNOPQRSTU,共有30个解,在十二面体的对称变换下,它们都是等价的.

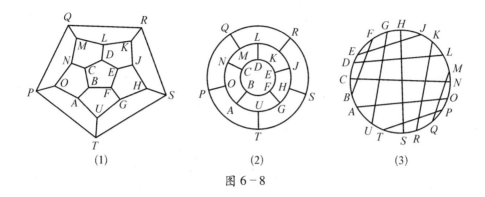

图 6 - 8

哈密顿回路与四色定理的联系是非常有趣的. 假定在平面地图上已经画出了一条那样的回路,循着地图上的分界线行走,并且每个顶点都只经过一次. 回路将平面分成两个区域—内部和外部. 跨越内域的任一条分界线把内域分成两个较小的区域,跨越这些小区之一的分界线又把它分成两个更小的区域,如此等等. 于是,如果内域里恰有 r 条分界线,那么回路内部的地区就被分成 $r+1$ 个地区. 此外,这些地区可以用两种颜色分别涂染,使得任何两个相邻的地区的颜色皆不相同. 我们把一个地区染成红色,与它相邻的一个地区就染成绿色,下个又是红色,等等. 因为每一条可能的分界线都把回路内部的区域分成两个地区,所以不会导致矛盾. 相仿的道理也适用于回路的外部(它的分区之一的面积是无限大). 所以,平面上有哈密顿回路的任何地图满足四色定理的要求.

(四)著名的四色定理也是一个与拓扑学发展相关的问题. 它是世界近代三大数学难题之一,也被称为四色猜想、四色问题,是世界三大数学猜想之一.

1852 年,当伦敦大学毕业的弗兰西斯·格斯里在绘制地图时,发现每张无外飞地(即两个不连通的区域属于同一个国家)的地图都可以用恰当的方案仅用 4 种颜色着色,使得有公共边界的国家的颜色不同. 四色定理用数学的语言来说就是"如果将一个平面任意地分割为数个不重叠的区域,那么每个区域都可以用1、2、3、4标记,使得相邻的两个区域标记的数字不同."这里的"相邻"指的是有公共的成段的边界,如果两个区域的边界只有一点或有限多个点相交,就不称为相邻的,因为就算用同一种颜色为它们着色,也不会引起混淆.

弗兰西斯·格斯里发现这个有趣的现象后,想看看这种现象能否用数学方法严格地加以证明. 他找来还在大学读书的弟弟,两人决心一起攻克这个难题. 兄弟二人为证明这一问题而使用过的稿纸都已堆积成山了,然而研究工作却毫无进展.1852 年 10 月 23 日,他的弟弟向他的导师,著名数学家德·摩根(De Morgan)请教了这个问题. 德·摩根也没能发现解决这个问题的途径,所以又写信向好友,著名数学家哈密顿爵士请教.

在收到德·摩根的来信后,哈密顿对四色问题进行了研究,但直到 1865 年哈密顿逝世时仍未解决这个问题.1872 年,当时英国最著名的数学家凯利向伦敦数学学会正式提出了这个问题,四色问题就此走进了世界数学界的视野.

在 1878 年和 1880 年,著名的律师兼数学家肯普(Alfred Kempe)和泰特(Peter Guthrie Tait)两人先后发表了证明四色问题的论文,都宣称自己证明了四色问题. 当时的人们都以为四色问题得证了,没想到十年后的 1890 年,年仅 29 岁的正在牛津大学就读的赫伍德以自己精确的计算指出了肯普给出的证明中存在的漏洞. 他指出,肯普给出的断言"不存在这样的极小五色地图,使得一国具有五个邻国"的理由存在破绽. 不久之后,泰特的证明也被人们否定了. 实际上,两人证明的不是四色问题本身,而是一个弱于四色问题的五色定理. 后来,越来越多的数学家投入了四色问题的证明,绞尽脑汁,却一无所获. 人们开始相信,四色问题是一个可以和费马猜想媲美的世界性的数学难题.

进入 20 世纪之后,数学家们基本上都是延续着肯普的证明思路来证明四色问题的.1939 年,美国数学家富兰克林证明了,22 个国家以下的地图可以用四种颜色着色.1960 年,这个数字增加到了 39 个国家. 后来推广到 50 个国家,然而这种推广进展得十分缓慢.

电子计算机的出现打破了这一局面. 计算速度的极大提高极大的加速了四色问题的证明.1976 年,美国伊利诺大学哈肯与阿佩尔在两台不同的电子计算机上,用了 1200 个小时,做了 100 亿次判断,终于完成了四色问题的证明,轰动了整个数学界. 四色问题的证明,不仅解决了一个持续一百多年的世界性数学难题,也成为数学史上一系列新的研究方向的起点. 在四色问题的证明过程中,许多新的数学理论随之诞生,图论得到了极大的发展. 四色问题的结论在设计航空班机日程表、设计计算机的编程等方面都有着广泛的应用.

六、 动手做

（一）平面一笔画：请思考将下列的几个汉字图以及图 6-9 中的三个图是否可以一笔画完，如果可以请画出路线，如果不行，至少需要几笔画完？

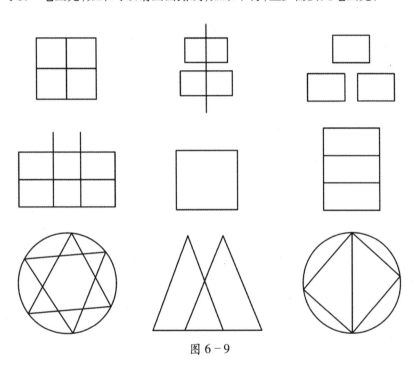

图 6-9

（二）引申柯尼斯堡七桥问题，如图 6-10.

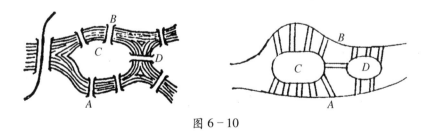

图 6-10

① 过了许多年,河上又架起一座桥,曾经一次不能重复走完七座桥,那么,如今八座桥可以一次不重复地走过吗?

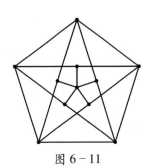

② 如果当初河的中心有两个河心岛,有 15 座桥把这两个岛和两岸连接起来,问能否不重复地通过所有的 15 座桥?

（三）在图 6-11 所示的 11 个顶点的图中,你能否找到一条哈密顿回路?

图 6-11

第七讲　巧叠罗汉四棱柱

一、游戏导入

课前请同学制作完成四个同样大小的正方体 $C_1, C_2, C_3,$ C_4，将其表面涂上红、黄、蓝、白四种颜色，所涂的颜色的规则如表 7-1 所示：

表 7-1

	上	下	左	右	前	后
C_1	白	蓝	红	红	蓝	黄
C_2	白	蓝	红	黄	黄	黄
C_3	白	蓝	蓝	黄	红	红
C_4	白	红	白	黄	蓝	黄

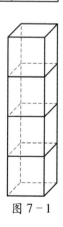

涂好后，将这四个正方体一个接一个地叠起来，如图 7-1 所示，组成一个底为正方形的四棱柱，使得棱柱的每个侧面有四个颜色各不相同的正方形？

如果你很快得到了结论，请接着想一想，还有没有其他的叠放方法，如果没有条件要求的四个侧面的颜色各不相同，请你利用学过的计数方法计算出总的叠放方法数.

图 7-1

二、 游戏背景

叠罗汉是一种游戏、体育活动或表演,由二人以上层层叠成各种样式.一般常出现于马戏团特技表演、啦啦队表演以及舞蹈表演之中.本讲游戏与之有异曲同工之妙,尽管没有表演的惊险性,但是要很快得到结果也不是轻而易举的.如果可以熟练的运用图论这一工具可以实现快速解答.

三、 游戏破解

由于正方体的对称性,不妨设四个正方体的叠放顺序从下到上依次为 C_1, C_2, C_3, C_4,底层的立方体 C_1 有三种放法,即只需确定底面正方形的颜色即可;其余的立方体以 C_2 为例,它与 C_1 相连接的面有 6 种选择,注意此时因为 C_1 确定后相对的前后和左右也就确定,所以 C_2 的底面有 6 种选择方法,选好底面后又有 4 种旋转的方式确定侧面,所以 C_2, C_3, C_4 的叠放方法各是 24 种,总共有 $3 \times 24^3 = 41472$ 种可能的叠放方法,如果完全依靠试验找到正确的叠放方法还是是相当困难的.

我们借助于图来解决这个问题.先用四个字母 R, B, Y, W 分别代表红、黄、蓝、白四种颜色.点:正方体的面的颜色,即 4 个点 R, B, Y, W;边:相对的两个面连接成一条线代表一个边;以 C_1 为例,上下两面分别为白色与蓝色,我

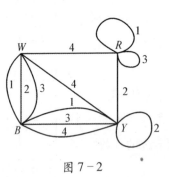

图 7-2

们就在 W 与 B 之间连一条边,左右两面都是红色,就在顶点 R 处作一个环,前后两面分别为蓝色与黄色,就在 B 与 Y 之间连一条边,并且这样作出的三条边都标上 1,表明这是 C_1 对应的图.将其余正方体都如此操作在同一个图中,可以得到一个有环的图 G(如图 7-2 所示).

试想叠放好符合要求的棱柱,它有两对侧

面,每对侧面有八个正方形,红、黄、蓝、白各两个,因此棱柱每对侧面对应于一个图 $C_i(i=1, 2)$,它们都是 G 的子图,各有四个顶点,四条分别标有 1,2,3,4 的边,每个顶点的次数都是 2(环算两条边),并且 C_1 与 C_2 没有公共边.

我们很容易从图 7-2 中找出满足上述要求的子图(图 7-3),我们可以得到图 7-2 的一种叠放的方法,使 C_1 的前后两面为蓝(B)、白(W)两色,左右两面为黄(Y)、蓝(B)两色;使 C_2 的前后两面为红(R)、黄(Y)两色,左右两面为白(W)、蓝(B)两色;C_3 的前后为蓝(B)、黄(Y)两色,左右为红(R)色;C_4 的前后白(W)、红(R)两色,左右为白(W)、黄(Y)两色.

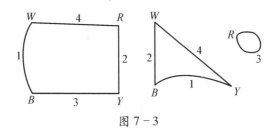

图 7-3

四、 游戏背后的数学

图论研究的对象是图.什么是图呢?图论中所说的图是有若干个不同的点和边,点:我们称之为为顶点,或简称为点,这些顶点中有一些是用直线(段)或曲线(段)连接的,我们把这些直线(段)或曲线(段)称做边,如果点与点本身也有边相连,这样的边称为环.由若干个不同的顶点与连接其中某些顶点的边所组成的图形就称为图.

要注意的是在图的定义中,顶点的位置以及边的曲直长短都是无关紧要的,而且,也没有假定这些点、边都要在一个平面中.我们只关心顶点的多少及这些边是连接哪些顶点的.图的画法并不是唯一;表示顶点的点和表示边的线的相对位置是无关紧要的,在图的一个图形中,两条边可能相交于不是顶点的点上个图称为有限图.

如果一个图没有环,并且每两个顶点之间至多只有一条边,这样的成为简单图.如果一个图是简单图,并且每两个顶点之间都有一条边,我们称之为完全图.

在具体问题的研究中,如何合理的确定什么要素为点,什么要素为边很重要,需要在实践中不断积累经验.同时如何合理转化求解的问题也是至关重要.

五、 拓展学习与思考

（一）会议时程的安排问题

赵先生,王先生,孙先生,李先生,周先生,吴先生是某公司的员工,这六个人必须在同一天出席多场会议.会议总共有六种类型,表7－2中标记※的部分是每一名员工必须出席的会议.假设所有的会议的时长都一样(90分钟),请问如果想尽早结束所有的会议,应该如何安排会议的时程.

表7－2

	① 业务会议	② 部门会议	② 部门会议	④ A 项目会议	⑤ B 项目会议	⑥ C 项目会议
赵先生	※	※				
王先生			※	※		
孙先生		※	※	※		
李先生	※				※	※
周先生		※	※			
吴先生		※			※	※

提示:我们该思考的是:"哪些会议不能在同一时段进行"然后合理定义点和边.图7－4中的①—⑥是六场会议的代号.把无法在同一日时段进行的会议,用线连接起来.由于赵先生必须参与①(业务会议)和②(部门会议),因此①和②不能在同一时段进行.

于是我们把①和②用线连接起来(ⅰ).接下来,由于王先生,必须出席③(企业策划会议)和④(A项目会议),因此③和④之间也用线连接起来(iiii).同样地,把孙先生、李先生、周先生、吴先生,等人各自必须出席的会议用线连接起来(也就是无法再同一时间出席的会议连接起来).现在我们可以根据实际安排一下.首先,我们先在的旁边画一颗星星.做完记号以后,接下来就是从线条数较多(受限较多)的号码开始筛选.由于③和①并不相连,所以可以用相同的符号.

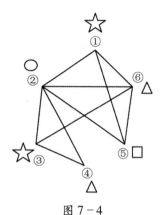

图 7-4

从完成的图象可以看出,由于记号相同的会议,两两之间并不相连,因此可以安排在同一时段.根据以上的结果,我们只要按照以下的时程会议,就可以用最有效率的方式,让所有人都出席必要的会议.

10:30—12:00(☆)① 业务会议 &③ 企业策划会议

12:00—13:00 午休

13:00—14:30(△)④ A项目会议 &⑥ C项目会议

14:30—16:00(○)② 部门会议

16:00—17:30(□)⑤ B项目会议

这种方法也可以应用在其他的任务管理等问题上.模型化是更深入的抽象化方法,因此,实行起来并不容易.但是,在面对复杂的问题时,只要试着排除那些无关紧要的信息,就可以理清头绪、解决问题,所以还请各位同学挑战看看.

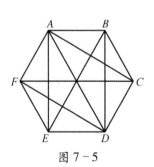

图 7-5

(二)试着说明六个人中一定有三个人互相认识或者有三个人互相不认识.

做一个完全图,六个人分别代表六个顶点,顶点之间的连线代表关系,如果两个人相互认识,连接两个点的边涂上红色,否则涂上蓝色.所要说明的问题就转化成图形中一定会有同色的三角形,请同学们操作一下即可得证.

六、 动手做

（一）你可以找到巧叠罗汉中的另外一种叠放法吗？（提示：在你所作出的图形中，可以找到图 7 - 6.）

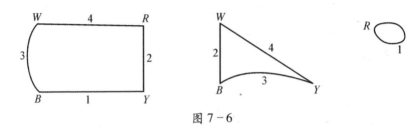

图 7 - 6

（二）如果将叠罗汉题目中的每个立方体中共顶点的三个面都涂上红色，其余的面任意图上红、黄、蓝、白四种颜色.试着说明无论怎样叠，总是无法叠出符合条件的四棱柱（即每个侧面恰有红、黄、蓝、白四种颜色）.

第八讲　从足球模型谈欧拉公式

一、游戏导入

课堂上观察足球实物(如图 8-1),思考:有几种方法可以得到足球表面五边形及六边形的个数?

二、游戏背景

对于简单多面体(即各面都是平面多边形并且没有洞的立体)的顶点数 V、面数 F 及棱数 E 间有关系: $V + F - E = 2$,这个公式称为欧拉公式.

图 8-1

大约在 1635 年,笛卡尔就已发现并证明了欧拉公式. 而后瑞士数学家莱昂哈德·欧拉于 1750 年独立证明了这个公式,并于 1752 年发表了它. 由于笛卡尔的研究到 1860 年才被人们发现,所以这个定理就称为欧拉公式而不是笛卡尔公式.

三、游戏破解

不妨设足球表面正五边形(黑色)和正六边形(白色)的面

各有 x 个和 y 个, 那么面数 $F = x + y$, 棱数 $E = \dfrac{5x + 6y}{2}$(每条棱由两块皮

共用), 顶点数 $V = \dfrac{5x + 6y}{3}$(每个顶点由三块皮共用). 由欧拉公式, 得

$$x + y - \frac{5x + 6y}{2} + \frac{5x + 6y}{3} = 2,$$

解得 $x = 12$. 所以共需 12 块黑五边形.

　　因为黑五边形一共有 $12 \times 5 = 60$ 条, 这 60 条边都是与白六边形粘合(或缝合)在一起的. 所以对于白六边形来说: 每块白六边形的 6 条边中, 有 3 条边与黑五边形的边粘(缝)在一起, 另 3 条边则与其他白六边形的边缝在一起. 所以白六边形所有边的一半是与黑五边形缝合在一起的, 那么白六边形就应该一共有 $60 \times 2 = 120$ 条边, $120 \div 6 = 20$, 所以共有 20 块白六边形.

　　另解 1: 每一个六边形的六条边都与其他三个六边形的三条边和三个五边形的三条边连接; 每一个五边形的五条边都与其他五个六边形的五条边连接. 所以五边形的个数 $x = \dfrac{3y}{5}$. 由之前求得 $x = 12$, 得 $y = 20$.

　　另解 2: 这里也可考虑五边形的边数满足 $5x = \dfrac{6y}{2}$, 由之前求得 $x = 12$, 得 $y = 20$.

四、 游戏背后的数学

　　下面再介绍一些欧拉公式的证明方法.

　　设 G 为连通平面图, 顶点数 $V(G)$, 边数 $E(G)$, 面数 $F(G)$.

　　(方法一)对面数 $F(G)$ 进行归纳证明:

　　① $F(G) = 1$ 时, G 只有一个面, 又因为 G 是连通图, 所以 G 是无圈连通图即

是一棵树,由树的性质,知道 $E(G) = V(G) - 1$,所以命题成立.

②$F(G) \geqslant 2$ 时,假设对面数 $< F(G)$ 的连通平面图命题成立.任取 G 的一条非割边 e,则从 G 中删去边 e 得到图 $G - e$ 仍是连通平面图,且 G 中被 e 分割的两个面变为 $G - e$ 的一个面.所以:$F(G - e) = F(G) - 1$.

对于 $G - e$,由归纳假设,$V(G - e) - E(G - e) + F(G - e) = 2$,所以 $V(G) - (E(G) - 1) + F(G) - 1 = 2$,即:$V + F - E = 2$.

③ 对于三维空间中的凸多面体结论也是成立的.依据球极投影知,凸多面体对应于一个连通平面图,而且顶点数、棱数、面数一一对应,所以欧拉公式也成立.

(方法二)基本思路:逐步减少多面体的棱数,直接分析 $V + F - E$ 的值.

先以简单的四面体 $ABCD$ 为例分析证法.去掉一个面,使它变为平面图形,四面体顶点数 V、棱数 E 与剩下的面数 F_1 变形后都没有变.因此,要研究 V、E 和 F 关系,只需去掉一个面变为平面图形,证 $V + F_1 - E = 11$.去掉一条棱,就减少一个面,$V + F_1 - E$ 不变.依次去掉所有的面,变为"树枝形".从剩下的树枝形中,每去掉一条棱,就减少一个顶点,$V + F_1 - E$ 不变,直至只剩下一个点.以上过程 $V + F_1 - E$ 不变,$V + F_1 - E = 1$,所以加上去掉的一个面,得 $V + F - E = 2$.

对任意的简单多面体,运用这样的方法,都是可以把复杂图退化为简单可直接观察判断点线面关系的平面图形.

如图 8-2,首先把多面体(图中①)看成表面是薄橡皮的中空立体;其次去掉多面体的一个面,就可以完全拉开铺在平面上而得到一个平面中的直线形,像图中②的样子.假设 F'、E' 和 V' 分别表示这个平面图形的(简单)多边形、边和顶点的个数,我们只需证明 $F' - E' + V' = 1$;再次对于这个平面图形,进行三角形分割,也就是说,对于还不是三角形的多边形陆续引进对角线,一直到成为一些三角形为止,像图中③ 的样子.每引进一条对角线,F' 和 E' 各增加 1,而 V' 却不变,所以 $F' - E' + V'$ 不变.因此当完全分割成三角形的时候,$F' - E' + V'$ 的值仍然没有变.有些三角形有一边或两边在平面图形的边界上;最后如果某一

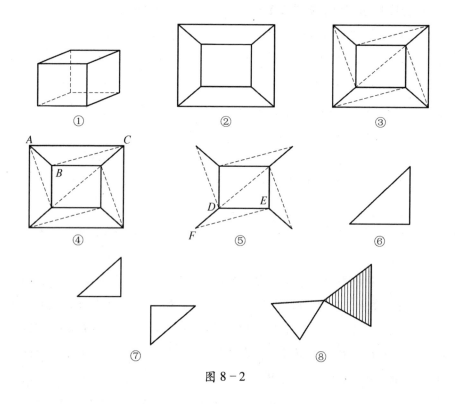

图 8−2

个三角形有一边在边界上,例如图 ④ 中的 △ABC,去掉这个三角形的不属于其他三角形的边,即 AC,这样也就去掉了 △ABC. 这样 F' 和 E' 各减去 1 而 V' 不变,所以 $F'-E'+V'$ 也没有变;如果某一个三角形有二边在边界上,例如图 ⑤ 中的 △DEF,去掉这个三角形的不属于其他三角形的边,即 DF 和 EF,这样就去掉 △DEF. 这样 F' 减去 1,E' 减去 2,V' 减去 1,因此 $F'-E'+V'$ 仍没有变. 这样继续进行,直到只剩下一个三角形为止,像图中⑥的样子. 这时 $F'=1$,$E'=3$,$V'=3$,因此 $F'-E'+V'=1-3+3=1$. 因为原来图形是连在一起的,中间引进的各种变化也不破坏这事实. 还是连在一起的,所以最后不会是分散在向外的几个三角形,像图中⑦那样. 如果最后是像图中⑧的样子,我们可以去掉其中的一个三角形,也就是去掉 1 个三角形,3 个边和 2 个顶点. 因此 $F'-E'+V'$ 仍然没有变. 欧拉公式得证.

（方法三）基本思路：计算多面体各面内角和，间接现 V、E、F 的关系.

设简单多面体顶点数 V，面数 F，棱数 E. 剪掉一个面，使它变为平面图形（拉开图），求所有面内角总和 $\sum \alpha$. 一方面，在原图中利用各面求内角总和. 设有 F 个面，各面的边数为 n_1，n_2，$\cdots$，n_F，各面内角总和为

$$\sum \alpha = \left[(n_1 - 2)180° + (n_2 - 2)180° + \cdots + (n_F - 2)180° \right]$$
$$= (n_1 + n_2 + \cdots + n_F - 2F)180° = (2E - 2F)180°$$
$$= (E - F)360°. \qquad ①$$

另一方面，在欧拉图中利用顶点求内角总和.

设剪去的一个面为 n 边形，其内角和为 $(n - 2) \cdot 180°$，则所有 V 个顶点中，有 n 个顶点在边上，$V - n$ 个顶点在中间. 中间 $V - n$ 个顶点处的内角和为 $(V - n) \cdot 360°$，边上的 n 个顶点处的内角和 $(n - 2) \cdot 180°$.

所以，多面体各面的内角总和：

$$\sum \alpha = (V - n) \cdot 360° + (n - 2) \cdot 180° + (n - 2) \cdot 180°$$
$$= (V - 2) \cdot 360°. \qquad ②$$

由①②得：$(E - F) \cdot 360° = (V - 2) \cdot 360°$. 所以 $V + F - E = 2$.

五、 拓展学习与思考

欧拉公式的应用：证明三维空间中只有五种正多面体.

证明：设正多面体 P 有 V 个顶点，E 条棱，F 个面.

设每个顶点关联的棱数为 m，每个面的边数为 n，计算后填写下页表 8-1.

按照顶点计算棱数：因为每条棱关联 2 个顶点，所以 $mV = 2E$，$V = \dfrac{2E}{m}$.

按照面数计算棱数：因为每条棱是 2 个面的公共边，所以 $nF = 2E$，$F = \dfrac{2E}{n}$.

表 8-1

正多面体	顶点数 V	边数 E	面数 F	每个顶点关联的边数 m	每个面的边数 n
正四面体	4	6	4	3	3
正六面体	6				
正八面体	8				
正十二面体	12				
正二十面体	20				

由凸多面体的欧拉公式有：$V - E + F = 2$，所以有：$\dfrac{2E}{m} - E + \dfrac{2E}{n} = 2$，即：$\dfrac{1}{E} = \dfrac{1}{m} + \dfrac{1}{n} - \dfrac{1}{2}$.

因为 $m \geqslant 3$，$n \geqslant 3$，$\dfrac{1}{E} = \dfrac{1}{m} + \dfrac{1}{n} - \dfrac{1}{2} > 0$. 所以 m、n 中至少有一个为 3.

分情况讨论：

（1）$m = 3$，$n = 3$，$\dfrac{1}{E} = \dfrac{1}{m} + \dfrac{1}{n} - \dfrac{1}{2} = \dfrac{1}{6}$，得 $E = 6$.

（2）$m = 3$，$n = 4$，$\dfrac{1}{E} = \dfrac{1}{m} + \dfrac{1}{n} - \dfrac{1}{2} = \dfrac{1}{12}$，得 $E = 12$.

（3）$m = 3$，$n = 5$，$\dfrac{1}{E} = \dfrac{1}{m} + \dfrac{1}{n} - \dfrac{1}{2} = \dfrac{1}{30}$，得 $E = 30$.

（4）$m = 4$，$n = 3$，$\dfrac{1}{E} = \dfrac{1}{m} + \dfrac{1}{n} - \dfrac{1}{2} = \dfrac{1}{12}$，得 $E = 12$.

（5）$m = 5$，$n = 3$，$\dfrac{1}{E} = \dfrac{1}{m} + \dfrac{1}{n} - \dfrac{1}{2} = \dfrac{1}{30}$，得 $E = 30$.

六、动手做

单面印刷电路板如图 8-3. 在单面印刷电路板中,线路是不允许相交的. 现在给每位学生分发一张印有图 8－4 的 A4 纸,假设电路板上有 A、B、C、D 四个点,要求每两点之间都连通且只允许两点之间连一条线,问如何设计电路?

如果点的数目增加到 5 个,还能制作符合上述要求的电路吗?

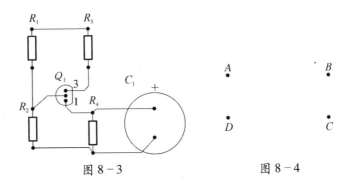

图 8－3   图 8－4

(提示:对于 5 个点的情况,欧拉公式告诉我们,这件事情在平面上不可能实现.理由如下:记平面简单连通图的边数为 E,区域数为 F.首先注意到,在统计所有区域(包括最外面那个无限大的区域)的边数之和时,每条线都会被计算 2 次,因而所有区域的平均边数应为 $\dfrac{2E}{F}$.由于 5 个点之间两两连线且只允许两点之间连一条线,一共会有 10 条线.如果连线不相交,由欧拉公式可知,此时点线形成的平面区域数 $F = E - V + 2 = 10 - 5 + 2 = 7$.于是每个区域平均拥有 $\dfrac{20}{7}$ 条边.由平均数原理易知,该图中至少存在一个边数小于 3 的区域.由于制作要求只允许两点之间连一条线,所以不可能产生"一边形"或"两边形".矛盾!所以线路将不可避免相交.)

第九讲　摔手机

一、 游戏导入

现在你在为一家手机公司工作.为了给顾客一个手机质量的参考,公司要求你做这样一个调查:在一栋 100 层的大楼里,测试从哪一层扔下手机刚好会摔碎.记这个手机会被摔坏的最低楼层为 n,在从小于 n 的楼层扔下手机时,手机不会受到损坏,且一旦手机被摔坏,就无法再次用于测试.现在,公司给了你两部手机,思考:最少摔多少次手机可以得到这个 n?

二、 游戏背景

这道题来自于动态规划中的扔鸡蛋问题,对编程有兴趣的同学可以尝试用编程解决.本讲则从数学角度,来分析解决这一问题.

三、 游戏破解

首先,当只有一个手机的时候,显然,我们只能从第一层开始一层一层地尝试,直到手机摔坏为止.在最坏的情况下(手机质量非常的好,甚至可以从 100 层摔下不被摔坏),我们需要尝试 100 次.那么当手机数量变成两个,用什么样的策略可以使尝试次数最少呢?

我们可以尝试一些不同的策略(定义使尝试次数取最大值的情况为最坏情况,下面计算的都为最坏情况下需要的尝试次数):

第一部手机每两层一摔,共需要 $50+1=51$ 次;

第一部手机每 50 层一摔,共需要 $2+49=51$ 次;

第一部手机每 25 层一摔,共需要 $4+24=28$ 次;

第一部手机每 k 层一摔,共需要 $\left[\dfrac{100}{k}\right]+k-1$ 次;

当 k 取 7—14 时,需要次数如下表:

表 9 - 1

k	次 数
7	$[100/7]+7-1=20$
8	$[100/8]+8-1=19$
9	$[100/9]+9-1=19$
10	$[100/10]+10-1=19$
11	$[100/11]+11-1=19$
12	$[100/12]+12-1=19$
13	$[100/13]+13-1=19$
14	$[100/14]+14-1=20$

因为一部手机只能被摔碎一次,当第一个手机被摔碎之后,剩下的楼层只能一层一层地尝试下去.即第二部手机在最坏情况下需要尝试的次数是第一步手机最后两次尝试之间相隔的楼层数.

在这里,二分法是没有用的.但是我们可以参考二分法的思路:在二分法中,我们为了使猜测的次数最少,使每次尝试可能答案的每个分支所拥有的可能种数相同.在这个问题中,为了使在最坏情况下所要尝试的次数最少,我们考虑,如何在摔坏第一部手机后,使剩下的可能性尽可能少,且第二部手机到其最坏情况的尝试次数也达到最少.上述需要19次尝试的策略中,以第一部手机每十层一摔为例.第一部手机在第十层摔坏与第九十层摔坏后,第二部手机最多需要尝试的次数是相同的,都是9次.但是,总共需要尝试的次数却是不同的:在第19层只需要尝试11次,而89层却需要尝试18次.那么,有没有一种策略,使第二部手机到最坏情况时,需要的总尝试次数都相同呢?

方案如下:第一部手机分别在14层、27层、39层、50层、60层、69层、77层、84层、90层、95层、99层扔下.这时,不论第一部手机在哪一层摔碎,第二部手机到达最坏情况时需要的总次数都是14次.

四、 游戏背后的数学

上述给出了14次尝试的方案,然而14次就是最优策略了么,为什么13次尝试不行呢?下给出13次尝试不足够完成的证明.

用1表示手机摔碎的情况,用0表示手机没有摔碎的情况.我们可以得到如下尝试和楼层的对应关系(表9-2).

表 9-2

	1	2	3	4	5	6	7	8	9	10	11	12	13	14
83	0	0	0	0	0	0	0	1	0	0	0	0	0	0
84	0	0	0	0	0	0	0	0	1	1				
85	0	0	0	0	0	0	0	0	1	0	1			
86	0	0	0	0	0	0	0	0	1	0	0	1		
87	0	0	0	0	0	0	0	0	1	0	0	0	1	
88	0	0	0	0	0	0	0	0	1	0	0	0	0	1

每一楼层都可以用这样0和1的排列表示.且每一个排列仅能用来表示一个楼层.那么,如果只用13次尝试,这样的排列一共有 $C_{13}^2 + C_{13}^1 + C_{13}^0 = 92$ 个,而一共有100层楼,所以13次尝试不行.

而14次尝试最多能够测试 $C_{14}^2 + C_{14}^1 + C_{14}^0 = 106$ 层楼.

五、 拓展学习与思考

还是两部手机,求对于任意 k 层楼,使得总尝试数最小的策略.

记最优策略的最坏情况需要 x 次尝试,根据上述方案,总共可以试出的楼层有 $x + (x - 1) + (x - 2) + \cdots + 2 + 1 = \dfrac{x(x + 1)}{2}$ 层.

解方程 $\dfrac{x(x + 1)}{2} \geqslant k$,可得 $x = \left[\dfrac{-1 + \sqrt{1 + 8k}}{2} \right] + 1$($x$ 为整数).

现在,公司又给了你一部手机,还是 100 层的楼,又该如何操作呢?

六、 动手做

(一)当有 k 部手机,N 层楼时,最优策略的最坏情况需要几次尝试?

(二)每个人都想知道别人的事情,所以就会有闲话流言,比如三个人要想知晓彼此信息,需要两两交流彼此分享,至少要交流三次,才能达到每个人都知晓彼此信息,请研究:如果 4 个人至少需要几次?5 个人呢?对于 n 个人至少需要 $2n - 4$ 次,你可以研究怎样实现吗?

第十讲　亦庄亦谐话拓扑

一、游戏导入

给每位同学准备一份橡皮泥,或者史莱姆,根据图 10 - 1 完成以下问题:

1. 能否把图①中图 a 连续地变形为图 b?

2. 能否把图②中图 a 连续地变形为图 b?

3. 图③中图 a 所示的立体图形表面画有一个圆. 能否通过连续变换,把这个圆变到图 b 所示的位置?

4. 在图④的轮胎表面上打一个洞. 能否通过连续变换,把这个轮胎的内表面翻到外面来?

5. 能否把图⑤中图 a 连续地变形为图 b?

6. 图⑥中的人想把他手臂上的橡胶绳环取下来,但他不愿意把手从口袋里拿出来、脱下衣服或者把绳环塞进口袋,那他应该怎么办?

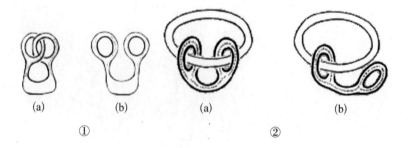

(a)　　　　(b)　　　　(a)　　　　(b)

①　　　　　　②

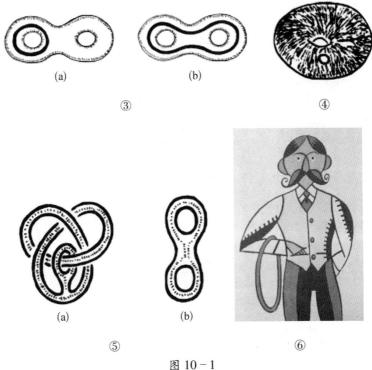

图 10 - 1

二、 游戏背景

"什么是拓扑学?"很多人初见拓扑二字都会产生这样的疑问. 拓扑学是一种几何学,中文名来自于希腊语的音译. 拓扑学是一门年轻而富有生命力的学科. 它萌发于 17、18 世纪,在 19 世纪末开始得到发展. 拓扑学是上个世纪以来数学中发展最迅猛,研究成果最丰富的领域之一.

拓扑学被一些人形象地称为"橡皮几何学",因为与通常的平面几何、立体几何不同,拓扑学研究的性质在图形作弹性形变时是不会改变的. 通常的平面几何或立体几何的研究对象是点、线、面之间的位置关系和它们的度量性质. 而对拓扑学来说,研究对象的大小、长短、面积、体积等度量性质都不重要. 在通常的平面几何中,如果把一个图形平移到另一个图形上,两者完全重合,则称这两个图形全等;但拓扑学的研究对象在运动中大小和形状都可以改变.

　　发展至今,拓扑学目前主要研究的是拓扑空间在拓扑变换下的不变量和不变性质.拓扑学有多个研究方向,早期分为一般拓扑学和代数拓扑学,后来又出现了微分拓扑学和低维流形等研究方向.拓扑学在微分几何、微分方程、李群论、泛函分析、动力系统和其他许多数学分支中都有广泛的应用.在现代数理经济学中,经济学的各种数学模型,均衡的存在性、性质、计算等根本问题都离不开代数拓扑学.拓扑学在系统理论、对策论、规划论、网络论中也都有着重要应用.本讲试图通过游戏帮助学生理解拓扑.

三、 游戏破解

　　同学们兴致勃勃地完成了游戏导入环节的几个游戏.前面3个游戏较为容易,分别如图10-2①②③所示.

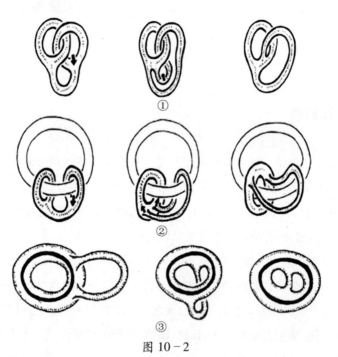

图 10-2

第 4 题中,可以作如图 10 - 3 的连续变换,使得这个有洞的轮胎慢慢变为一对粘在一起的纸圈.需要注意的是,纸圈 1 和纸圈 2 的地位还不太一样.原来的轮胎外表面在纸圈 1 中朝里,在纸圈 2 中朝外.我们可以把纸圈 1、2 的地位交换,慢慢变回原来的轮胎型,那么轮胎的内外表面也就随之颠倒了.有趣的是,轮胎的经圆和纬圆也随之交换了.

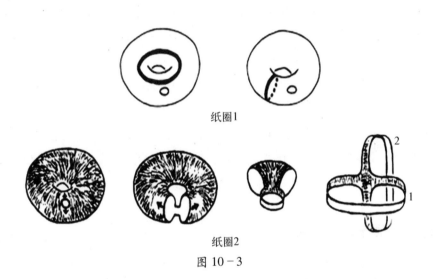

纸圈1

纸圈2

图 10 - 3

第 5 题的答案也是肯定的,如图 10 - 4 所示.

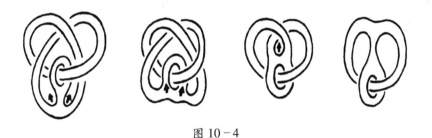

图 10 - 4

至于第 6 题,想必同学们都知道了,把橡胶绳的一端从右臂的腋下穿过马甲套在头上,同时将左臂沿着左侧腋下插入马甲,这样橡胶绳就可以从马甲内侧脱落出来了.

四、 游戏背后的数学

在拓扑学中我们不讨论两个图形的全等,只讨论拓扑等价的概念.一般地,如果一个图形可以经过扭转、弯曲、伸长或收缩缓缓地变换另一个图形,在变换过程中不使原来不同的点重合为同一个点,又不产生新点,我们就称两个图形拓扑等价.换句话说,这种变换的条件是:在原来图形的点与变换了图形的点之间存在着一个一一对应的关系,使得原本邻近的点变换后还是邻近的点.例如,圆、矩形、三角形虽然形状和大小不同,但都是拓扑等价的.

拓扑学之所以被称为橡皮几何学,就是因为如果图形都是用橡皮做成的,就能把许多图形进行拓扑变换.例如一个橡皮圈能变形成一个圆圈或一个方圈.但是一个橡皮圈不能拓扑变换为数字 8.这是因为要将橡皮圈变为数字 8,需要将圈上的两个点粘为一点,而这不符合拓扑变换的要求.

五、 拓展学习与思考

（一）假如人类的身体可以像橡胶人一样随意地变形,那么用两手的拇指和食指做成两个套着的圆环之后,我们可以不放开手指就把圆环解开.更加有趣的是,如果只是其中一个手上多戴了一块手表,就不能以同样的方法解开圆环了.具体的变换方案如图 10 - 5 所示.

（二）1858 年,德国数学家莫比乌斯(Möbius)在研究四色定理时偶然发现,如果把纸条的一端旋转 180° 后再两头粘起来,得到的图形有着魔术般的性质.后人称它为莫比乌斯带(如图 10 - 6).

普通纸带具有两个面(即为双侧曲面),一个正面,一个反面,两个面可以涂成不同的颜色;而莫比乌斯带只有一个面(即为单侧曲面),也就是说一只在莫比乌斯带上的蚂蚁可以爬遍整个曲面而不需要跨过它的边缘.

莫比乌斯环的概念被广泛地应用到了建筑、艺术、工业生产中.运用莫比乌斯环原理我们可以建造立交桥和道路,避免车辆行人的拥堵;还有莫比乌斯型

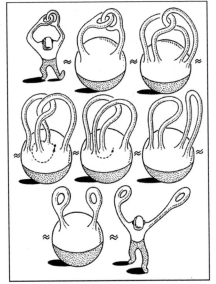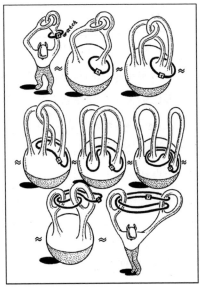

图 10 - 5

的过山车、莫比乌斯爬梯.打印机的色带和工产
机器上的传送带也可以做成"莫比乌斯带"的
样子,以充分利用,减少磨损,延长使用时间.

在中国科技馆展厅正中间的一个标志性的
物体叫"三叶扭结",是由莫比乌斯带演变而成
的,它整体宽度为 10 米,高 12 米,带宽 1.65
米.它的寓意是科学没有国界,各种科学之间没有边界,科学是相互连通的,科
学和艺术也是相互连通的.

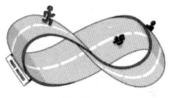

图 10 - 6

六、 动手做

（一）玩转莫比乌斯带

用剪刀沿中线剪开一个莫比乌斯纸圈,它会变成什么样的图形?

用剪刀沿着莫比乌斯带靠近边缘 $\frac{1}{3}$ 左右一直剪下去,它又会变成什么样的图形?为什么会有这样的不同?

莫比乌斯带是我们将纸条扭转 180° 后得到的,那么扭转 360°、540° 后粘起来的图形还是莫比乌斯带吗?将它们沿着中线剪开会得到什么样的图形?

此外,还可以将两个莫比乌斯环粘贴在一起然后沿着中间线剪开;或是将两个扭向不同的莫比乌斯环粘贴在一起后沿着中间线剪开;或是一个莫比乌斯环和一个直环粘贴在一起沿着中间线剪开……

如果将莫比乌斯带剪开一次后得到的图形第二次剪开,还会有更复杂的情况发生吗?自己动手做一做找到答案吧!

(二) 制作环链

如果想得到图 10 - 7 这样的图形,我们一般要先剪出几个纸条,再一个套一个地把它们粘成环.这是最直观也最容易想到的方法.这里给大家介绍一种奇特的方法.如图 10 - 8,先将纸折叠,沿 AC 中间处的实线(此实线占半张纸的 2/3)剪 2 次得到 4 个切口.再将标有 A 的两端和标有 B 的两端分别粘在一起,将 C 的两端分别穿过 A、B 圈后粘在一起.最后沿着虚线将切口剪开.你就会得到一个 3 个环的环链.

图 10 - 7

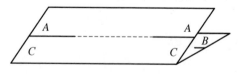

图 10 - 8

用类似的方法,你可以做出 5 环链(如图 10 - 9 那样先折叠 3 次)、9 环链(先折叠 7 次)……它们的制作都很有挑战性,然而,即使你在制作过程中出了差错,也可能得到意想不到的图形!

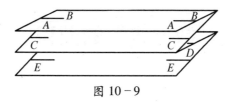

图 10-9

（三）字母拓扑

在拓扑学家中流传着这么一句俏皮话:拓扑学家分不清面包圈和咖啡杯的差别. 其实,在拓扑学家的眼中,三角形和正方形甚至圆都是一样的. 请用橡皮泥或史莱姆动手捏一捏,体会与英文大写字母"E"拓扑等价的五个英文大写字母"F""G""J""T""Y".

（四）逃脱游戏

下面是拓扑学理论的一个实际应用的例子.

如图 10-10,两个人的双手被两根无法解开的绳子绑住并交错在了一起,你能在不弄断绳子且不让绑着的绳子脱离手腕的情况下,使两人分离开来吗?

图 10-10

第十一讲 "数出来"的面积

一、游戏导入

课前给同学们分发印有图 11-1 及表 11-1 所示信息的教学用纸,并给出"格点"的概念:下列用水平线和竖直线将平面分成若干个边长为 1 的小正方形格子,小正方形的顶点叫格点,以格点为顶点的多边形叫格点多边形.设格点多边形的面积为 S,它各边上格点的个数和为 x.

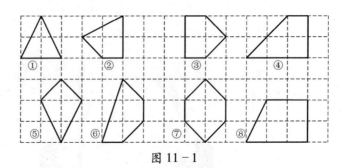

图 11-1

表 11-1

多边形的序号	①	②	③	④	⑤	⑥	⑦	⑧	…
多边形的面积 S									…
各边上格点的个数和 x									…

(1)上图中的格点多边形①—④内部都只有一个格点,请

写出 S 与 x 之间的关系式：$S =$ _____.

（2）请你再画出一些格点多边形，使这些多边形内部都有且只有两个格点，如⑤—⑧．此时所画的各个多边形的面积 S 与它各边上格点的个数和 x 之间的关系式是 $S =$ _____.

（3）请你继续探索，当格点多边形内部有且只有 n 个格点时，猜想 S 与 x 有怎样的关系？$S =$ _____.

二、 游戏背景

一个多边形的顶点如果全是格点，这多边形就叫做格点多边形．有趣的是，这种格点多边形的面积计算起来很方便，只要数一下图形边线上的点的数目及图内的点的数目，就可用公式算出 $S = a + \dfrac{b}{2} - 1$（其中 a 表示多边形内部的点数，b 表示多边形边界上的点数，S 表示多边形的面积）．这个公式是皮克（Georg Pick，1859—1942）在 1899 年给出的，被称为"皮克定理"．这是一个实用而有趣的定理．给定顶点坐标均是整点（或正方形格点）的简单多边形，皮克定理说明了其面积 S 和内部格点数目 a、边上格点数目 b 的关系．皮克定理可以简洁求得格点多边形的面积和设计一些图形，特别在解决中考题目时可以大大提速．

三、 游戏破解

表 11 - 2

多边形的序号	①	②	③	④	⑤	⑥	⑦	⑧	…
多边形的面积 S	2	2.5	3	4	3	3.5	4	5	…
各边上格点的个数和 x	4	5	6	8	4	5	6	8	…

（1）$S = \dfrac{x}{2}$；（2）$S = \dfrac{x}{2} + 1$；（3）$S = \dfrac{x}{2} + n - 1$.

四、 游戏背后的数学

请看下面的几道中考试题.

例1 如图11-2是某广告公司为某种商品设计的商标图案,若图中每个小长方形的面积都是1,则阴影部分的面积是(   ).

(A) 6   (B) 6.5

(C) 7   (D) 7.5

解析: 观察图形11-2可知在本图中,皮克定理中的 $a = 4$, $b = 7$. 将其代入公式 $S = a + \dfrac{b}{2} - 1$ 得,该阴影部分的面积 $S = 6.5$. 所以本题应选(B).

图11-2

练习: 在下列选项中,每个大正方形网格都是由边长为1的小正方形组成,则图中阴影部分面积最大的是(   ).

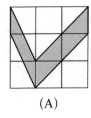　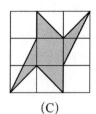　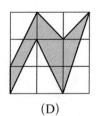

(A)   (B)   (C)   (D)

答案:(D).

例2 在如图11-3的方格纸中,每个小方格都是边长为1的正方形. 点 A、B 是方格纸中的两个格点(即正方形的顶点),在这个 5×5 的方格纸中,找出格点 C 使三角形 ABC 的面积为2个平方单位,则满足条件的格点 C 的个数是(   ).

(A) 5   (B) 4

(C) 3   (D) 2

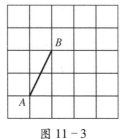 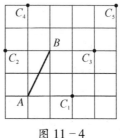

图 11 - 3   图 11 - 4

解析：由皮克定理可知：$S_{\triangle ABC} = \dfrac{1}{2}x + n - 1 = 2$，因为这时 x, n 是整数，又因

为 $x > 2$，所以 $\begin{cases} x = 4, \\ n = 1 \end{cases}$ 或 $\begin{cases} x = 6, \\ n = 0. \end{cases}$ 当 $\begin{cases} x = 4, \\ n = 1 \end{cases}$ 时，三角形 ABC 的三边上共有 4 个格

点，又因为已有了两点 A、B，因此三角形边上还有两个格点，则有 AC 和 BC 边

上，一边上有三个格点，另一边上有两个格点，且三角形 ABC 内部只有一个格

点. 因此在过 A、B 两点的水平直线上易得点 C 有图 11 - 4 中的 3 个位置（C_1，

C_2，C_3）. 当 $\begin{cases} x = 6, \\ n = 0 \end{cases}$ 时，三角形 ABC 内部没有格点，三边上共有 6 个格点，此时，

在过点 A 的竖直线上易得点 C 有一个位置（C_4）. 在过点 A 的斜线上点 C 有一

个位置（C_5）. 两种情况共有 5 个位置，因此答案选择（A）.

五、 拓展学习与思考

（一）归纳法严格证明皮克定理

（1）因为所有简单多边形都可切割为一个三角形和另一个简单多边形. 考

虑一个简单多边形 P，及跟 P 有一条共同边的三角形 T. 若 P 符合皮克定理，则

只要证明 P 加上 T 的 PT 亦符合皮克公式（Ⅰ），以及三角形符合皮克定理（Ⅱ），

就可根据数学归纳法，对于所有简单多边形皮克定理都是成立的. 设 P 和 T 的

共同边上有 c 个格点. P 的面积：$iP + \dfrac{bP}{2} - 1$，T 的面积：$iT + \dfrac{bT}{2} - 1$.

PT 的面积：$iP + iT + c - 2 + \dfrac{bT - c + 2 + bP - c}{2} - 1 = iPT + \dfrac{bPT}{2} - 1$.

（2）证明三角形符合皮克定理又分三部分，即证明以下的图形符合皮克定理：所有平行于轴线的矩形；以上述矩形的两条邻边和对角线组成的直角三角形；所有三角形（因为它们都可内接于矩形内，将矩形分割成原三角形和至多 3 个第二点提到的直角三角形）．

（3）设矩形 R 长边短边各有 m、n 个格点，则

$$iR = (m - 2)(n - 2), bR = 2(m + n) - 4.$$

$$S_R = iR + \frac{bR}{2} - 1 = (m - 2)(n - 2) + (m + n) - 2 - 1$$

$$= mn - (m + n) + 1 = (m - 1)(n - 1).$$

（4）易见两条邻边和对角线组成的两个直角三角形全等，且 i、b 相等．设其斜边上有 c 个格点．$b = m + n + c - 3$，$i = \dfrac{(m - 2)(n - 2) - c + 2}{2}$.

$$S_{Rt\triangle} = i + \frac{b}{2} - 1 = \frac{(m - 2)(n - 2) - c + 2}{2} + \frac{m + n + c - 3}{2} - 1$$

$$= \frac{(m - 2)(n - 2)}{2} + \frac{m + n - 3}{2} = \frac{(m - 1)(n - 1)}{2}.$$

（5）逆运用前面对 2 个多边形的证明：既然矩形符合皮克定理，直角三角形符合皮克定理．又前面证明到若 P、T 符合皮克定理，则 P 加上 T 的 PT 亦符合皮克定理．那么由于矩形可以分解成 1 个任意三角形和至多三个直角三角形．于是显然有，只有当这个任意三角形也符合皮克定理的时候，才会使得在直角三角形符合的同时，矩形也符合．

（二）物理原理证明皮克定理

假设整个平面是无穷大的铁板，每个格点上都有一个单位热源，经过无穷多时间传导后，密度均匀地分布在整个铁板上．平面内某个多边形所含的热量，

就代表它的面积. 对于平面内任意线段, 整个平面网格关于此线段中点对称, 因此流经该线段的热量是对称的, 出入此线段的热量和为 0. 边界上的 b 个格点, 组成一个内角和为 $(b-2) \times 180$ 的 b 边形. 这 b 个点原来含有 b 个热量, 其中 $\dfrac{(b-2) \times 180°}{b \times 360°}$ 的热量流入多边形. 因此从这 b 个点流入多边形的热量等于 $b \times$

$\dfrac{(b-2) \times 180°}{b \times 360°} = \dfrac{b-2}{2} = \dfrac{b}{2} - 1$. 再加上 a 个内部格点的全部热量, 多边形总热量 (即面积) 为 $S = a + \dfrac{b}{2} - 1$.

此物理方法的另一几何解释如下: 将边界上的点看作是一个个圆, 在多边形边上的圆其面积只有一半属于这个多边形, 但多边形角上的圆就不一样了, 将夹角的任一个边延长, 与另一条边的夹角是外角, 这角上的圆中外角部分计算面积时多算了, 要除去, 因多边形的外角和是 360 度, 所以正好是个整圆, 所以面积公式为 $S = a + \dfrac{b}{2} - 1$.

六、 动手做

（一）如图 11-5, 在下面网格中, 每个小正方形的边长均为 1, 请你画出以

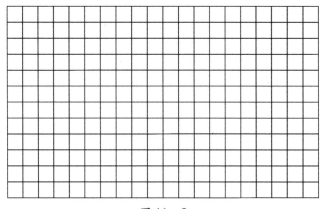

图 11-5

格点为顶点,面积为 10 个平方单位且两边相等的三角形,在给出的网格中画出两个符合条件且形状不相同的三角形.

（二）皮克定理还可以证明欧拉公式,请同学们搜集整理相关资料研究.

第十二讲　希尔伯特旅馆

一、 游戏导入

邀请一位同学扮演酒店的大堂经理,其余同学扮演期望住宿的客人,由"大堂经理"为各位"房客"办理"住宿手续".游戏结束后,邀请"大堂经理"与"房客"一起总结客房安排的方法.继而,进一步邀请同学们思考:如果客房有无数间,客人有无数个,且客房已客满;在该情况下,又来了一位客人,此时,大堂经理该怎么办?

二、 游戏背景

格奥尔格·康托尔(Georg Cantor)1874 年在他有关集合论的第一篇论文中提出的"无穷集合"概念,引起数学界的极大关注,震撼了学术界.康托尔还导出了关于数的本质的新的思想模式,建立了处理数学中的无限的基本技巧,因此,希尔伯特说:"没有人能够把我们从康托尔建立的乐园中赶出去."为了更好地解释无限集合与有限集合的区别,希尔伯特在他1924 年 1 月的一次演讲中,举了一个有趣的具有无穷多个房间的"希尔伯特旅馆"的例子,下面是根据希尔伯特的说法编出来的故事:

鲍勃是芝加哥大学的学生，圣诞节快到了，他从芝加哥开车回家到波士顿。原来计划一天开到的，傍晚 8 点左右，鲍勃感觉太累了，还得开 4 小时左右才能到达呢。于是，鲍勃来到纽约州一个小镇，决定找个旅馆住一晚再说。不过不知道为什么，今天这个小镇上好像特别热闹，镇上大大小小的旅馆都给住满了。鲍勃正要发动汽车上高速公路去下一个地点找住处，却被一条醒目的广告吸引住了："已经客满，但永远接受新客人，因为我们是希尔伯特无限旅馆。"鲍勃看不懂这句话是什么意思，但既然这个旅馆还可以接受新客人，就去试试吧。旅馆经理很高兴地为鲍勃办理了入住手续，将他安排在 1 号房间。鲍勃很好奇地问经理："不是客满了吗？为什么 1 号又是空的呢？"于是，经理兴致勃勃地向鲍勃解释他的这个"希尔伯特无限旅馆"。

康托尔是伟大的德国数学家，集合论的创立者，勇敢正视无穷集合的第一人。他提出，在判断无穷集合大小时，我们不应该再着眼于狭义的"元素个数"，而应该采用一种类似于"集合大小规模"的概念。他把这个新的概念叫做"集合的势"。康托尔规定，只要我们有办法把两个集合中的元素一一对应起来，那么这两个集合的大小就是相等的，或者说它们是等势的。按照这种定义，不管是非负整数集，还是全体整数集，甚至是全体有理数集，都和正整数集等势，它们是一组规模相同的无穷集合。

三、 游戏破解

希尔伯特旅馆与普通的旅馆不同的地方是它有无限多个房间。与房间数有限的旅馆不同，对希尔伯特旅馆来说，"客满"不意味着"不能接受新客人"。

当客满后来了一名新客人时，只需像图 12-1(a) 那样，将原来的 1 号客人移到 2 号房间，原来的 2 号客人移到 3 号房间……如此一直移动下去，就可以为新来的客人腾出一个空的房间。

如果来了 $k \geqslant 2$ 个新客人呢？只需让原来的一号客人移到第 $k+1$ 个房间，原来的二号客人移到第 $k+2$ 个房间，如此一直移动下去即可。

即使是一次来了无限多个（可数个）新客人，也有办法让他们住进来。如图

12-1(b)所示,对无限多个新客人,只需将原来1号房间的客人移到2号房间,原来的2号客人移到4号房间,原来的3号客人移到6号房间……将原来第n号房间的客人移到第$2n$号房间这样一直移动下去.这样,所有的奇数号码的房间就会被空出来,就可以纳无限多个(可数个)新客人了.

甚至,即使是同时来了无限多辆汽车(可数即可以编号),每辆都载了无限(可数即可以编号)多个新客人,希尔伯特旅馆仍然可以接纳他们!

(a) 接收一个新客人,移动1→2,2→3,3→4,4→5,…

(b) 接收无穷多个客人,移动1→2,2→4,3→6,4→8,5→10,…
得到无穷多个空房间

图 12-1

四、 游戏背后的数学

欧几里得几何中有一条公理(第五公理):"部分小于整体".但其实这条公理只对有限集合正确,对无限集合并不正确.在无限集中,"部分可以等于整体"(这里的"等于"是"一一对应"的意思).并且,凡是出现"部分可以等于整体"的集合,一定是无限集,也就是说,"部分可以等于整体"是无限集的充分必要条件,反映了无限集的本质.

"集合的势"的概念,是"集合中元素的个数"的概念在无限集中的推广,凡是不能建立一一对应关系的两个集合,就认为这两个集合的"势"不相等;如果集合 A 能够与集合 B 的某个真子集建立一一对应关系,就认为集合 A 的小于集合 B 的"势".从这些原则可以推出,正整数集合的势等于有理数集合的势.一个集合与正整数集等势,意思就是这个集合中的元素与正整数之间存在一一对应的关系.换句话说,尽管这个集合中的元素有无穷多,但我们能按照某种方式对它们进行排序并编号,用"第一个元素是谁,第二个元素是谁,第三个元素又是谁"的方式把它们一一列举出来.因而,我们给所有与正整数集等势的集合取了一个形象的名字,叫做"可数集".刚才讨论的非负整数集、全体整数集、全体有理数集都属于可数集的范畴.

"无限"与"有限"既有本质的区别,也有许多联系,正是因为两者有本质的区别,在"有限"与"无限"间建立联系的方法,往往十分重要.比如可以用数学归纳法证明的命题,是对所有自然数都成立的命题.而自然数有无限多个,所以数学归纳法通过有限的步骤,证明了无限个命题成立.它是在"有限"与"无限"间建立联系的有效工具,再比如极限方面,极限过程是无限的过程,但最终得到的往往是一个有限的数.另一方面,数学家通过无限的方法,描写极限这种无限的过程.另外,无穷级数是通过有线步骤求出无限次的运算结果;不规则图形划分成无限个曲边梯形,然后对每一个曲边梯形用定积分的方法求面积,最后再求和,也是无限和有限结合的典范.

五、 拓展学习与思考

思考这个问题:"有限能容纳无限吗?"

有一个小号手请了一位油漆工来为他的托里拆利小号的内表面涂上油漆.巧的是俩人都对数学很感兴趣,都对数学有一定的研究和造诣.油漆工看到这个小号后,要价非常高,理由是这种小号的表面积是无穷大,理论上需要消耗无穷多的油漆才能为它涂好油漆.小号手则辩解道:"我的小号的体积是有限的,小号像一个杯子一样,用等于小号体积那么多的油漆将小号装满,不就能将所有内表面都涂上油漆了吗? 最多也就只是用体积这么多的油漆就足够了,怎么可能需要无穷多的油漆呢?"

你认为小号手和油漆工谁说得更有道理呢?

托里拆利小号也称加百列的号角,源自圣经.根据宗教传说,大天使加百列将在审判日用它宣告审判日的到来. 它将神圣的无限与有限联系在了一起. 最早研究这个图形的性质的是 17 世纪的意大利物理学家和数学家埃万杰利斯塔·托里拆利.

托里拆利小号是由 $y = \dfrac{1}{x}$ 的 $y > 1$ 部分的图象绕 y 轴旋转而成的, 如图 12 - 2.

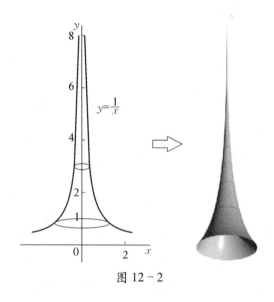

图 12 - 2

为了计算出托里拆利小号的体积, 我们先取它的一个最大的截面, 并用如图 12 - 3 所示的无数个细长的小矩形组成的图形去近似它的截面. 再将这个图

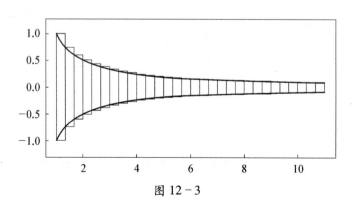

图 12 - 3

形旋转一周,就可以得到无数个小圆柱体.所有小圆柱体的体积之和就是托里拆利小号体积的近似了.

实际上,虽然小号的长度是无限的,但随着长度 L 的增加,体积的增加幅度却是如图 12-4 所示那样不断减缓的,最终趋向于一个稳定的有限值,而不会超过它.数学家们使用定积分的相关知识已经发现托里拆利小号的体积最终等于 π.

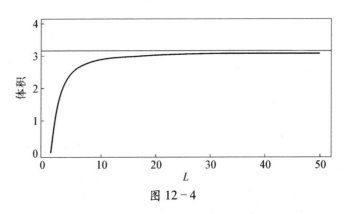

图 12-4

计算完了体积,我们再来探讨小号的表面积.如图 12-5 所示,截取小号在 $[x, x+\Delta x]$ 的一段,得到一个类似圆台的图形.当 Δx 取得足够小时,将所有这样的"圆台"的侧面积相加,就可以得到小号的表面积.

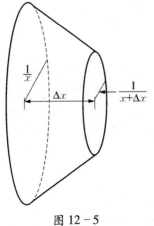

图 12-5

实际上,当 Δx 足够小时,小号在 $[1, L]$ 这一段的表面积可以用图 12-6 的反比例函数在 $[1, L]$ 这一段与 x 轴围成的面积乘以 2π 来表示.而反比例函数在 $[1, L]$ 与 x 轴围成的面积是 $\ln L$,当 L 趋向于无限大时,$\ln L$ 也趋向于无限大,因此小号的表面积 $2\pi \cdot \ln L$ 也趋向于无限大.

表面积无限大就意味着,要想制造出托里拆利小号,原材料将永远无法满足消耗.

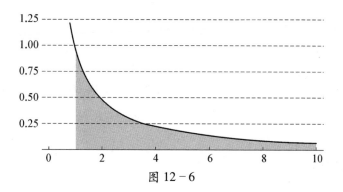

图 12 - 6

另一个将有限与无限联系在一起的有趣图形是分形几何中的科赫雪花（Koch Snowflake）.

科赫雪花是一种经过无穷多次迭代生成的分形图形,图 12 - 7 是这个迭代过程的前四步. 每一步取每条边的中间三分之一,在上面接上一个边长为原来的三分之一的小等边三角形. 如此往复不断地做下去,它的外界变得原来越细微曲折,形状越来越接近理想化的雪花.科赫雪花有一个非

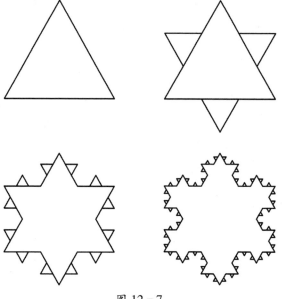

图 12 - 7

常特别的性质:它的面积是有限的,周长却是无限的.这是因为每次迭代后,它的周长都变为上一次的$\frac{4}{3}$.用无限的周长包围了一块有限的面积,真可谓是"无中生有"啊!

托里拆利小号和科赫雪花的例子都说明了一个道理:有限的世界中也可能蕴藏着无限.

六、 动手做

(一)搜集"无限"与"有限"相互联系的案例,可以是数学的命题,也可以是生活中的实例.

(二)试着建立有理数集合与正整数集合的一一对应关系.

(三)研读高等教育出版社出版顾沛编写的《数学文化》书中的 72 到 83 页.

第十三讲　夜过吊桥

一、游戏导入

在漆黑的夜里,四位旅行者来到了一座狭窄而且没有护栏的桥边.如果不借助手电筒的话,大家是无论如何也不敢过桥去的.不幸的是,四个人一共只带了一只手电筒,而桥窄得只够让两个人同时过.如果各自单独过桥的话,四人所需要的时间分别是1、2、5、8分钟;而如果两人同时过桥,所需要的时间就是走得比较慢的那个人单独行动时所需的时间.现在要如何设计一个方案,让这四人尽快过桥.

二、游戏背景

介绍过桥问题之前,我们先来回顾一个类似的题目——摊煎饼问题.用一只平底锅煎饼,每次只能煎两张饼,两面都要煎,煎一面需要 2 分钟.现在要煎 3 张饼,问最少需要多少分钟.答案是:

第一次:放①的正面和②的正面,

第二次:放①的反面和③的正面,

第三次:放②的反面和③的反面.

共需要 $2 \times 3 = 6$ 分钟.

这道题中,运用一块煎饼的正面和反面是分开来的思路,将煎锅的利用效率最大化,从而减少用时.而夜过吊桥问题中,我们也需要考虑,如何将手电筒的利用效率最大化,而减少用时.

三、 游戏破解

假设这四人分别为 A、B、C、D(A 跑得最快,D 跑得最慢).很明显,开始两人拿着手电筒过桥后,手电筒就在桥的另一边了,此时需要已经过桥的那两人中的一个再把手电筒送回桥这边.送手电筒回来过桥也要花时间,所以要选一个跑得比较快的.一个很自然的想法就是,每次让跑得最快的 A 陪着另一个过桥,然后 A 快速地跑回来,再陪下一位过去,最后所有人就都可以过桥了.

让我们来算一下这要多长时间.为了方便起见,我们把旅行者出发的桥的这一边称为"此岸",而把旅行者想要到达的那边叫"对岸".在表达一个过桥方案时,我们用"←"来表示从对岸到此岸的移动,用"→"表示从此岸到对岸的移动.则"A 护送大家过河"的方案就可以写成(右边数字为完成此步骤所需时间):

$$
\begin{array}{ccc}
\text{A} \quad \text{B} & \to & 2 \\
\text{A} & \leftarrow & 1 \\
\text{A} \quad \text{C} & \to & 5 \\
\text{A} & \leftarrow & 1 \\
\text{A} \quad \text{D} & \to & 8 \\
\end{array}
$$

一共就是 2+1+5+1+8 = 17 分钟.

但其实有更快的办法:

$$
\begin{array}{ccc}
\text{A} \quad \text{B} & \to & 2 \\
\text{A} & \leftarrow & 1 \\
\text{C} \quad \text{D} & \to & 8 \\
\text{B} & \leftarrow & 2 \\
\text{A} \quad \text{B} & \to & 2 \\
\end{array}
$$

一共是 2+1+8+2+2 = 15 分钟. 这个办法的聪明之处在于让两个走得最慢的人同时过桥,这样花去的时间只是走得最慢的那个人花的时间,而走得次慢的那位就不用另花时间过桥了. 可以把所有可能的方案都列举一遍,就会发现这是最快的方案了.

四、 游戏背后的数学

我们先令所有人的过桥时间各不相同,防止后面提到的跑得最快的那个人等产生歧义. 假设如果有相同时间情况的话,可以令其中的一个人加上一个很小很小的量,以区分最快的和次快的人. 由于其足够小,对最终的结果并无影响.

在我们的直觉当中,最快的方案必然有这样一个特征:每次过桥到对岸的一定有两个人,一定是一个人把手电筒送回来. 但是为什么一定如此呢? 难道说就不会存在哪次去对岸的只有一人,或者哪次回来有两个人回来呢? 对此,我们给出一个严谨的证明:

我们不妨设出两种局面. 在这两种局面中,手电筒都在桥的同一边,而且在局面一里所有在对岸的旅行者,在局面二里也都在对岸;而且存在这样的旅行者,在局面一中他在此岸,而局面二中在对岸. 那么我们就说局面二优于局面一. 如果现在有这两种局面,局面二优于局面一,假设有一种方案,从局面一开始,用 t 分钟能使所有人都到对岸,那么同样可以保证,从局面二开始,在不多于 t 分钟的时间内能使所有人都到对岸.

假设局面一的方案中,要把某一个(或两个)人从此岸移动到对岸. 那么:

1) 如果这个人在局面二中在同一侧,那么同样可以把他(们)移动到对岸,这时两个局面花了同样的时间转化成另两个局面,而且转化后的局面二优于局面一.

2) 如果有两个人被移动,在局面二中一个人在此岸,另一个人在对岸,那么可以让在此岸的人移动到对岸. 如果说这个人是两人中跑得比较快的那个,那么局面二所花的时间就少于局面一;如果是比较慢的那个,那么局面二所花的时间就等于局面一. 而且在经过这一步之后, 局面二与局面一的局面相同, 或者局面二仍优于局面一.

3) 如果被移动的一个 (或两个) 在局面二中都在对岸. 那么如果局面一中经过这一步移动后就使所有人都到对岸, 那么局面二中所有人都已在对岸, 这种情况下局面二无须移动即已经全部移动完毕. 所以在局面一经过这一步移动后还会有下一步移动, 使对岸的某一个或两个人移动到此岸, 可以发现局面二无须操作这一步, 也就是说局面二相比局面一省出了这些时间.

假设局面一的方案中, 要把某一个 (或两个) 人从对岸移动到此岸. 那么在局面二中, 其也在对岸, 所以这个时候我们用相同的时间把其从对岸移动到此岸. 这样得到的结果还是局面二优于局面一.

所以, 我们可以得到结论一: 如果有两种局面, 第二种局面优于第一种局面, 那么我们总可以用少于解决第一种局面的时间来解决第二种局面.

假设如果最佳方案中有一步要让两个人从对岸移动到此岸, 那么我们可以将这一步改为让跑得比较快的人从对岸移动到此岸. 在这一步之后, 我们花了同样的时间, 却得到了一个优于原先方案的局面, 所以剩下的解决步骤一定不会花费比原先方案更多的时间, 所以这个一定是最佳方案.

所以, 我们可以得到结论二: 一定有一种最佳方案, 在这个方案里, 所有从对岸到此岸的移动只需一个人.

五、 拓展学习与思考

现在我们来看从对岸到此岸的移动会不会存在某个不是当时在对岸所有人中速度最快的. 那么我们在最佳方案中选取一个这样的坏步骤最晚出现的时候, 假设这个步骤最晚出现在第 n 步. 我们不妨假设这个第 n 步中回来的人是 B, 花了 b 分钟; 而对岸还存在过桥速度最快的 A, 他过桥只需花 a 分钟 ($a < b$).

现在我们把第 n 步由让 B 回来改为让 A 回来. 这两种局面唯一的区别是: 方案一中 B 在此岸 A 在对岸, 方案二中 A 在此岸 B 在对岸, 但是方案一所花的时间要比方案二多 $b - a$ 分钟. 在第 n 步后面接下去的移动步骤中, 只要不牵涉到 A 或 B,那么仍然可以进行在原来方案中的移动. 而第 n 步后第一次牵涉到 A 或 B 的在原方案中的行动(我们假设它是第 $n+i$ 步)只能是:

1)把 A 从对岸移动到此岸,那么我们在方案二中的步骤就改为把 B 从对岸移动到此岸. 这时局面就变成和原来完全一样,因为在方案二中省去的 $b-a$ 分钟也在这一步消耗掉,但是两种方案花费的时间相同,所以方案二仍然是一个最佳方案.

2)把 B 从此岸移动到对岸(可能还有另一个过桥时间为 c 分钟的 C 和他一起移动). 那么在方案二中就是把 B 改成 A:

	方案一	方案二
	……	……
第 n 步	B $\leftarrow b$	A $\leftarrow a$
	……	……
第 $n+i$ 步	B(C)$\rightarrow b/c$	A(C)$\rightarrow a/c$
	……	……

所以说,我们可以看出,不管 c 的大小,方案二所用的时间都要少于方案一,所以方案二才是最佳方案.

所以,我们可以得到**结论三:一定有一种符合结论二的最佳方案,在这个方案里,所有从对岸到此岸的移动中,回来的这个人一定是当时在对岸所有人中速度最快的.**

如果是手电筒在此岸的中间某一个局面,根据结论三,前一步有一个对岸最快的人刚过来. 如果这个人不是所有人中跑得最快的,那么说明跑得最快的人原来就在此岸了;如果这个人是跑得最快的,那么他刚刚过来.

所以我们可以得到**结论四:一定有一种符合结论二、三的最佳方案,在这个方案里,每当出现手电筒在此岸的局面时,速度最快的那个人总是在此岸.**

如果再符合结论四的最佳方案中,有一步是只有一个 B 从此岸到对岸. 如果此时此岸存在 A,他跑得比 B 快,那么 A 完全可以跟着 B 一起到对岸去,这样在花了相同时间的情况下得到了优于原先局面的局面;如果此时此岸不存在比

B 快的人，那么根据结论四，他也是所有人跑得最快的，到了对岸后，根据结论三，他又要一个人回来，这样就白白浪费了时间．

所以我们得到**结论五：一定有一种符合结论二到四的最佳方案，在这个方案里，所有从此岸到对岸的移动都需两个人．**

那么我们又会想到，会不会在符合以上结论的最佳方案中，有一步两个人跑到对岸去，但两个人都不是跑得最快的，但是后来其中一个人（或两个人）又跑回此岸来？

假设最佳方案中，总是存在一步从此岸到对岸的移动中，被移动的那两个人没有一个是最快的，而且其中一个在后面的步骤中又回到此岸来．那么我们在这些方案里面选取一个最晚步骤出现的方案，并假设这个步骤出现在第 n 步，同时假设过去的两个人是 Y 与 Z，他们过桥所需时间是 y 和 z 分钟，而在后面的第 $n+i$ 步中，Y 又回到此岸．设最快的人是 A，过桥需 a 分钟，由结论四可知，A 当时一定在此岸．

现在我们来修改这个方案，方案二即把第 n 步"让 Y 和 Z 过去"改为"让 A 和 Z 过去"：

	方案一	方案二
	……	……
第 n 步	YZ→	AZ→

如果 $y < z$，那么方案二的时间与方案一相同；如果 $y > z$，那么方案二所花的时间更少．但是两种局面的一个区别在于，方案一是 A 在此岸 Y 在对岸，方案二是 A 在对岸 Y 在此岸．

下面假设原来的第 $n+1$ 步是让 Y1 回来，Y1 是在对岸中的某个跑得最快的人．现在把这步改为让 A 回来

	方案一	方案二
	……	……
第 n 步	YZ→	AZ→
第 $n+1$ 步	Y1←	A←

方案二所需的时间一定少于方案一,因为 A 跑得一定比 Y1 快. 如果 Y1 就是 Y,那么这步以后两种局面又相同了. 如果 Y1 不是 Y,那么在这一步之后,局面的差别在于方案一中 Y1 在此岸 Y 在对岸,方案二中 Y1 在对岸 Y 在此岸. 根据结论三,Y1 一定跑得比 Y 快,并且,在第 $n+1$ 步到第 $n+i$ 步之间任意一个从对岸到此岸的人跑得都比 Y 快.

如果原先方案中从第 $n+2$ 步一直到第 $n+i$ 步里的移动都不牵涉到 Y1,那么我们只要把第 $n+i$ 步的让 Y 回来改成让 Y1 回来,即能使局面完全相同:

	方案一	方案二
	……	……
第 n 步	YZ→	AZ→
第 $n+1$ 步	Y1←	A←
	……	……
第 $n+i$ 步	Y←	Y1←

可见,方案二所需时间是少于方案一的,因为 Y1 跑得比 Y 快.

如果在第 $n+j(j<i)$ 步 Y1 又要和某个人 M 一起到对岸去,而第 $n+j+1$ 步是让 Y2 回此岸,那么我们把第 $n+j$ 步改为让 A 和 M 一起到彼岸去,而把第 $n+j+1$ 步改为让 A 回此岸:

	方案一	方案二
	……	……
第 n 步	YZ→	AZ→
第 $n+1$ 步	Y1←	A←
	……	……
第 $n+j$ 步	Y1M→	AM→
第 $n+j+1$ 步	Y2←	A←

方案二所需的时间一定少于方案一,因为 A 跑得一定比 Y2 快. 如果 Y2 就是 Y,那么这步以后两种局面又相同了. 如果 Y2 不是 Y,那么在这一步之后,局

面的差别在于方案一中 Y2 在此岸 Y 在对岸,方案二中 Y2 在对岸 Y 在此岸.

如果我们这样一直修改下去,将 Y1,Y2……全部改成 A,经过一系列的修改总会存在某一刻 Yn = Y,这时就能使局面相同.而无论如何,方案二所需时间总少于方案一.

所以我们得到**结论六**:**一定有一种符合结论二到五的最佳方案,在这个方案里,每次从此岸到对岸移动两个人,要么这两个人里有一个是所有人中最快的那个,要么这两人到达对岸后都再也不回来.**

根据结论六,我们可以得出一个猜想,是不是跑得较慢的人到达对岸后都再也不会来呢?或者根据最初的那道题推断,会不会所有返回此岸的任务都只由跑得最快和次快的人来担当,所有其他人一旦到达对岸,就留在那里,再也不回来呢?

如果猜想不成立,我们来假设在第 n 步,C 从对岸来到了此岸,但他既不是最快也不是次快的.再不妨假设 A、B 两个是跑得最快和次快的人,可以得到 $a < b < c$,由于 C 从对岸回来,那么之前一定存在某一步 C 从此岸去到对岸,而且根据结论六可知 C 与 A 一起去对岸.假设这一步是第 $n - i$ 步;再根据结论三可知第 $n - i + 1$ 步一定是 A 从对岸回到此岸,而且在第 $n - i$ 步到第 n 步之间,C 没有移动.我们来看第 $n - 1$ 步,根据结论五,这一步应该有两个人去对岸;再根据结论三,这两个人中没有 A 或 B,否则第 n 步是 A 或 B 回来而不是 C;而且这两个人中也没有 C,因为 C 在第 $n - i$ 步就去了对岸.

方案一

	……
第 $n - i$ 步	AC→
第 $n - i + 1$ 步	A←
	……
第 $n - 1$ 步	YZ→ （YZ未知,但不是 A 或 B 或 C）
第 n 步	C←

由于在第 $n - i$ 步到第 n 步之间没有关于 C 的移动,而第 $n - 1$ 步时,AB 一

定在此岸,否则根据结论三就不能是 C 回来.所以我们可以把第 $n-i$ 步与第 $n-i+1$ 步移到第 $n-1$ 步前,该方案仍旧可以进行.

方案一

……

第 $n-3$ 步   AC→

第 $n-2$ 步   A←

第 $n-1$ 步   YZ→   （YZ 未知,但不是 A 或 B 或 C）

第 n 步   C←

由于在第 $n-3$ 步时,A、B、C 都在此岸,所以我们可以把 C 改为 B,该方案依旧能进行:

方案二

……

第 $n-3$ 步   AB→

第 $n-2$ 步   A←

第 $n-1$ 步   YZ→   （YZ 未知,但不是 A 或 B 或 C）

第 n 步   B←

可以发现,方案二所需时间要短于方案一,所以我们就证明了之前的一个猜想,得出**结论七:一定有一种符合结论二到六的最佳方案,在这个方案里,所有从对岸到此岸的移动中,回来的这个人一定是当时在对岸所有人中速度最快的,而且他只能是所有人中最快的或者次快的.**

根据结论七,我们可以发现除了最快与次快的两个人,其他所有人去到对岸后都不再回来,因此我们可以大大缩减可行的方法.现在假设最快的为 A,次快的为 B,其他任意一个人为 X.根据结论七,X 只过一次桥.考虑到和他一起同行的人,这里有两种可能性:

1) 另一个人还会回来.根据结论六,可知跟他同行的人一定是 A,所以情况如下:

模式一　　……;AX→;A← ;……

2) 另一个人不会回来.这里要进行一下讨论:如果这一步是最后一步,那么根据结论四,另一个人就是 A,所以如果是这种情况的话,跟模式一是相同的.如果这一步不是最后一步,那我们设这一步为第 n 步,根据结论七我们可知第 $n+1$ 步是由 A 或 B 回来;但是又根据结论四,第 n 步时 A 在此岸,由于另一个人不再回来,所以 A 仍旧在此岸,因此第 $n+1$ 步就只能是 B 回来.但是 B 在对岸说明之前有一步 B 已经过去,再根据结论三与结论六可知,AB 一起过去,然后 A 回来,所以这种情况如下:

模式二　　……;AB→; A← ;……

第 n 步　　　　XY→(Y 未知,但不是 A 或 B 或 X)

第 $n+1$ 步　　　B←

同样,我们可以把之前两步移动到第 n 步前进行:

模式二

……

第 $n-2$ 步　　　　AB→

第 $n-1$ 步　　　　A←

第 n 步　　　　　XY→

第 $n+1$ 步　　　　B←

我们会发现,模式二与最开始的那道题的过桥方法是相同的.所以我们可以得到结论八:一定有一种符合结论二到七的最佳方案,在这个方案里,所有除了最快和次快的人都以模式一与模式二过桥,并且再不回来.

接下来我们考虑最慢和次慢的两个人是怎么过桥的.假设最慢的为 Z,次慢的为 Y,我们来看一下他们的过桥模式:

1) 假设 Z 以模式一过河,Y 以模式二过桥……

AZ→　 z;A←　 a;……;AB→　 b;A←　 a;XY→　 y

(X 为另一个不为 A、B、Y、Z 的人);B←　 b;……

我们如果把 X 与 Z 对换，则变成：……

AX→　x；A←　a；……；AB→　b；A←　a；YZ→　z；B←　b；……

可以发现对换后所花的时间要少于原先的方法.

2）假设 Z 以模式二过河，Y 以模式一过桥……

AY→　y；A←　a；……；AB→　b；A←　a；XZ→　z（X 为另一个不为 A、B、Y、Z 的人）；B←　b；……

同样我们如果把 X 与 Y 对换，则变成：……

AX→　x；A←　a；……；AB→　b；A←　a；YZ→　z；B←　b；……

可以发现对换后所花的时间也少于原先的方法.

所以根据以上两种情况我们可以发现，YZ 必用同一种模式过桥.

假设 YZ 都用模式二过桥，但是却不在一起过桥：（W、X 是不为 A、B、Y、Z 的人）……

AB→　b；A←　a；WY→　y；B←　b；……；AB→　b；A←　a；

XZ→　z；B←　b；……

我们可以把 X 和 Y 对换，则变成：……

AB→　b；A←　a；WX→　$\max\{w,x\}$；B←　b；……；AB→　b

A←　a；YZ→　z；B←　b；……

由于 $w < y$，$x < y$，所以修改后的方法花的时间少于原先的方法. 所以我们得出**结论九**：在所有符合结论八的最佳方案中，最慢的两个人过桥的模式一定相同，而且如果他们都以模式二过桥，那么他们一定一起过桥.

根据结论九，我们可以把两种模式的过河情况列出来，而且把他们都移动到最开始的四步：

模式一 AZ→　z；A←　a；AY→　y；A←　a；……

模式二 AB→　b；A←　a；YZ→　z；B←　b；……

根据结论九,我们知道我们能在最初的四步里把最慢的两个人移动到对岸,于是问题被简化成 $N-2$ 人的形式,现在问题只是在于到底用模式一还是模式二. 根据上面列出的模式,我们可以得出模式一所需时间:$2a+y+z$;模式二所需时间:$a+2b+z$. 所以:

当 $2b > a+y$ 时,应该使用模式一;

当 $2b < a+y$ 时,应该使用模式二;

当 $2b = a+y$ 时,模式一或二都可以.

所以根据以上的证明,我们可以得出一个总的**结论十**:

当 $N = 1, 2$ 时,一次过桥即可;

当 $N = 3$ 时,让最快的人往返一次护送另两人过桥;

当 $N \geq 4$ 时,设最快、次快、次慢、最慢的人所需时间为 a、b、y、z,则:

当 $2b > a+y$ 时,应该使用模式一;

当 $2b < a+y$ 时,应该使用模式二;

当 $2b = a+y$ 时,模式一或二都可以.

这样问题就转换到 $N-2$ 个人的问题,从而重复进行即可.

【例】有七个人,分别用时 1,4,5,6,7,8,9 分钟,求过桥最短的时间.

根据结论十,我们可以发现 8<9,所以使用模式二过河,即

AB→4;A ← 1;FG→9;B ← 4.

现在剩下 1,4,5,6,7 在此岸,发现 8>7,所以使用模式一过河,即

AE→7;A ← 1;AD→6;B ← 1.

现在还剩下三个人 1,4,5 在此岸,直接让 A 往返即可:

AC→5;A ← 1;AB→4.

共用 $t = 4+1+9+4+7+1+6+1+5+1+4 = 43$ 分钟.

六、 动手做

有三名传教士和三名食人族人需要渡河，他们的船只能承载两人，而且船渡河时必须有人在上面掌控. 所有的传教士和食人族人都会划船，要求在任何时候都要确保食人族的人数不超过传教士的人数. 问这 6 个人怎样才能用最少的渡河次数到河的对岸？

（提示：11 次，可以相等）

第十四讲　不可思议的 e

一、游戏导入

课前要求学生准备科学计算器. 课堂上开始做下面的游戏：

1. 在计算器里输入一个你熟悉的 7 位数（可以是与电话号、证件号、或是你喜欢的号码有关，先写在纸上以防忘记）；

2. 取这个数字的倒数（按下计算器的"$1/x$"键）；

3. 将得到的结果加上 1；

4. 对得数进行幂运算，即指数为最初的那个七位数（按下"x^y"键，然后输入最初的那七位数，再按下等号键）.

完成以上步骤的同学，在纸上写下你的得数，如果你已经掌握了这个游戏的规则，可以将以上步骤的七位数改成你熟知的电话号码，重复刚才的操作看看得数，观察你得到的数值前几位有什么新的发现吗？再和其他同学交流一下，看看彼此的数值的前几位有什么特点？

二、游戏背景

中学课本中学课本里有两个重要的常数. 一个是圆周率 $\pi = 3.14159265\cdots$，另一是自然对数的底数 $e = 2.71828\cdots$.

学生从六年级的数学课本就知道了 π 是圆周长与直径之比,通常用希腊字母 π 来表示,对于 π 的发展历史也是非常熟悉.

圆周率在远古时期(公元前一世纪)已估算至前两位("3"和"1")到公元前 2 世纪,中国的《周髀算经》里已明确记载了圆的周长与直径之比小于 22/7 而大于 223/71. 这也是科学中第一次使用上、下界来确定近似值.

第一次用正确方法计算圆周率的是我国魏晋时期的刘徽,在公元 263 年,他首创了用圆的内接正多边形的面积来逼近圆的面积的计算方法,算得 π 值约为 3.14. 这种方法被称为割圆术. 直到 1200 年后,西方人才发现了类似的方法. 后人为纪念刘徽的贡献,将 3.14 称为徽率. 公元 460 年,南朝的祖冲之利用刘徽的割圆术,把 π 值算到小点后第七位 3.1415926,这个具有七位小数的圆周率在当时是世界首次. 同时,祖冲之还找到了两个分数:22/7 和 355/113,用分数来代替圆周率,极大地简化了计算,这种思想比西方也早了一千多年.

1593 年,法国数学家韦达(François Viète,1540—1603)给出了史上第一个关于 π 的连分式公式 $\dfrac{2}{\pi} = \dfrac{\sqrt{2}}{2} \cdot \dfrac{\sqrt{2+\sqrt{2}}}{2} \cdot \dfrac{\sqrt{2+\sqrt{2+\sqrt{2}}}}{2}\cdots$. 1596 年,荷兰数学家鲁道夫把 π 值推到小数点后第 15 位小数,最后推到第 35 位,打破了祖冲之的圆周率保持了一千多年的世界纪录. 后人为了纪念他的这项成就,人们在他的墓碑上刻上数字 3.14159265358979323846264338327950288,并称这个数为"鲁道夫数".

1706 年,英国人琼斯首次使用了 π 代表圆周率. 他的符号在当时并未立刻被采用. 在那以后欧拉予以提倡,这个符号才渐渐推广开来.

1948 年 1 月,费格森与雷思奇合作,算出 808 位小数的 π 值. 二十世纪中期计算机技术的发展、革新再次引发了计算 π 的热潮.

20 世纪 50 年代,人们借助计算机将 π 算到了小数点后 10 万位,70 年代又突破这个记录,算到了 150 万位. 到 90 年代初,用新的迭代算法和乘法算法,已经将 π 值计算到 4.8 亿位. π 的计算经历了几千年的历史,它的每一次重大进步,都标志着技术和算法的革新.

然而人们对另一个常数 e 的历史,几乎是一无所知,特别是 e 首次出现中学课本是高中一年级第二学期(上海教育出版社)的第 5—6 页:"在科学技术中,常用一无理数 e=2.71828⋯为底数的对数,以 e 为底数的对数叫做自然对数."我想大多数学生应该都还有印象,不少同学可能心生困惑:为什么这样的数是科学技术中常用的? 怎么会称为自然对数?

　　e 与 π 一样是一个超越数.也可以用无穷连分式来表示,它是 18 世纪瑞士数学家欧拉发现的,他也是第一个使用 e 这个符号的数学家(有人说是该符号的使用是由于欧拉名字的首字母 Euler,也有人说是第二个元音字母).

$$e = 2 + \cfrac{1}{1 + \cfrac{1}{2 + \cfrac{2}{3 + \cfrac{3}{4 + \cfrac{4}{\ddots}}}}}$$

　　另外,如同 π 可以用分数来近似表示一样,和 e 最接近的分数是 $\dfrac{878}{323}$,有趣的是分子分母都是回文数,他们的差是 555,若去掉最后一位数,$\dfrac{87}{32}$ 也是两位数作为分子分母的数中与 e 最接近的分数.不仅如此,e 还可以利用无穷级数的和来表示:

$$e = 1 + \frac{1}{1!} + \frac{1}{2!} + \frac{1}{3!} + \frac{1}{4!} + \frac{1}{5!} + \cdots \quad (\text{``!''表示阶乘运算}).$$

　　利用级数的收敛,可以很快将 e 的小数位计算下去:1952 年在伊利诺伊大学的惠勒(D. J. Wheeler)先生的监督之下,一位电子计算器工程师曾将 e 算到六万位.1961 年国际商业公司(IBM)位于纽约的数据研究中心的仙克斯(Daniel Shanks)先生和小芮奇(John W. Wrench, Jr.)先生又将 e 的值延伸到小数点后 100265 位.正如 π 一样,一直有人将它们的值算下去.而且到目前为止,没有人看得出这些数字的排列有任何规则可循.

这两个有名的超越数 π 和 e 之间还有着奇妙的关系存在. 实际上有许多简单的方程可以将这两个超越数连在一起, 其中最有名的便是下面这个公式:

$$e^{i\pi} + 1 = 0.$$

它是欧拉根据棣莫弗早期所发现的一个公式演化而来的.

至少在微积分发明之前半个世纪, 就有人提到这个数, 所以虽然它在微积分里常常出现, 却不是随着微积分诞生的. 那麼是在怎样的状况下导致它出现的呢? 一个很可能的解释是, 这个数和计算利息有关.

三、 游戏破解

在课堂上发现最终的得数前几位都是 2.718, 尽管所有的同学的七位数都不同, 而且数位越多. 数值越大, 得数的前几位就越稳定在 2.71828…. 实际上, 刚刚的实验游戏是在计算 $\left(1 + \dfrac{1}{n}\right)^n$ 的值, 随着 n 的增大, 数值会越来越接近 e, 然而即使 n 非常大, $\left(1 + \dfrac{1}{n}\right)^n$ 的值也不会无穷大, 而是趋近于 e = 2.71828…. 下表 14－1 给出 n 在取较大的数值时对应的结果.

表 14－1

n	$\left(1 + \dfrac{1}{n}\right)^n$
10	2.5937424…
100	2.7048138…
1000	2.7169239…
10000	2.7181459…
100000	2.7182682…
1000000	2.7182805…
10000000	2.7182817…

有如下结论：$\lim\limits_{n \to \infty}\left(1 + \dfrac{1}{n}\right)^{n} = \mathrm{e}$.

四、游戏背后的数学

如果用 $\dfrac{x}{n}$ 替代 $\dfrac{1}{n}$，其中 x 为任意实数，那么随着 $\dfrac{n}{x}$ 不断增大，$\left(1 + \dfrac{x}{n}\right)^{\frac{n}{x}}$ 这个数字将会不断接近 e. 两边同时求 x 次幂（你还记得这个公式吧：$\left(a^{b}\right)^{c} = a^{bc}$），就会得到所谓的"指数公式"（exponential）：$\lim\limits_{n \to \infty}\left(1 + \dfrac{x}{n}\right)^{n} = \mathrm{e}^{x}$.

指数公式有很多非常"有利可图"的应用. 假设你的储蓄账户里有 100000 美元，年利率为 0.06. 如果每年结算一次利息，那么截至第一年年底，你的账户里将会有 $10000 \times 1.06 = 10600$ 美元. 截至第二年年底，你账户里的钱又会变成 $10000 \times (1.06)^{2} = 11236$ 美元. 截至第三年年底，你的账户里有 $10000 \times (106)^{3} = 11910.16$ 美元. 以此类推，到第 t 年年底，你的存款将会变成 $10000 \times (1.06)^{t}$ 美元. 一般来说，如果我们用利率 r 来替代 6%，一开始时的本金是 P 美元，那么截至第 t 年年底，你的存款将会变成 $P(1 + r)^{t}$ 美元.

现在，我们假设 6% 的利率是按半年复利的形式计算的，也就是说每 6 个月可得到 3% 的利息. 那么，到第一年年底，你的存款为 $10000 \times (1.03)^{2} = 10609$ 美元，比年复利时的 10600 美元多一点儿如果是季度复利，那么每年可以结算 4 次利息，利率为 15%，一年后的账户金额为 $10000 \times (1.015)^{4} = 10613.63$ 美元. 一般而言，如果每年结算利息 n 次，那么一年后的金额是 $10000 \times \left(1 + \dfrac{0.06}{n}\right)^{n}$，当 n 取非常大的值时，就叫作连续复利.

一般而言，如果你最初的本金是 P 美元，利率是 r，以连续复利的方式结算了利息，那么 t 年后，你的存款金额 A 就可以用下面这个优美简法的公式计算出来：$A = P\mathrm{e}^{rt}$.

五、 拓展学习与思考

现在我们可以证明以 e 为底的指数函数的导函数为什么是其本身了：

$$f(x) = e^x, \quad f'(x) = \lim_{h \to 0} \frac{f(x+h) - f(x)}{h}, \text{其中} \frac{f(x+h) - f(x)}{h} = \frac{e^{x+h} - e^x}{h} = \frac{e^x(e^h - 1)}{h}.$$

由 e 的定义式 $\lim_{n \to \infty}\left(1 + \dfrac{x}{n}\right)^n = e^x$，随着 n 的不断增大，$\left(1 + \dfrac{1}{n}\right)^n$ 将会趋近 e. 现在令 $h = \dfrac{1}{n}$，当 n 非常大的时候，h 就会趋近于 0，也就是说当 h 趋近于 0 的时候，$e \approx (1+h)^{\frac{1}{h}}$，等式两边同时求 h 次幂，根据指数的运算法则 $(a^b)^c = a^{bc}$，可以得到 $e^h \approx 1 + h$，所以 $\dfrac{e^h - 1}{h} \approx 1$.

因此，当 h 趋近 0 的时候，$f'(x) = e^x$.

与 π 一样，e 也会在意想不到的时候出现在我们的日常生活中. 考虑下面的问题：

在一次聚会结束后，随机地将帽子还给 10 位绅士. 没有一个绅士拿到自己的帽子的概率是多少？如果绅士的人数换为 1000000 呢？这与 e 有什么联系呢？

实际上，可以先考虑 n 个物体的错位排列问题. 设 D_n 为 n 个物体的错位排列数目，由容斥原理，可以计算出 $n \geqslant 1$ 时，$D_n = n!\left(1 - \dfrac{1}{1!} + \dfrac{1}{2!} - \dfrac{1}{3!} + \cdots + (-1)^n\dfrac{1}{n!}\right)$，$\dfrac{D_n}{n!}$ 就是没有一个绅士拿到自己的帽子的概率.

已知 $\dfrac{1}{e} = 0.3678794417144232\cdots$，下表给出了随着 n 的增大，$\dfrac{D_n}{n!}$ 的变

化规律.

表 14-2

n	$\dfrac{D_n}{n!}$
5	0.3666666⋯
6	0.3680555⋯
7	0.3678571⋯
8	0.3678819⋯
9	0.3678791⋯
10	0.36787946⋯

可以看到,当 n 趋向于无穷大时, $\dfrac{D_n}{n!} \to \mathrm{e}^{-1}$. 因此,假如绅士的人数是

1000000,那么没有一个绅士拿到自己的帽子的概率几乎就是 $\dfrac{1}{\mathrm{e}}$.

六、动手做

（一）类比求圆的面积方法（部分同学或许学过求抛物线与坐标轴围成的面积问题,如果学过,也可以仿效进行）. 求双曲线 $y = \dfrac{1}{x}$ 下方, x 轴上方,直线 $x = 1$, $x = b \, (b > 1)$ 之间的所围成的面积.

（二）如果不查表,也不实际计算,请问 e^{π}, π^{e} 谁大？

（三）拿出一副牌,洗好之后一张张牌面向上发下去,一面发一面依预先约定好的顺序叫出牌的点数（例如黑桃 A,接下去是黑桃 K,等等；然后红心 A,红心 K 等等；然后方块、梅花等等）. 如果发出来的牌正好就是叫出来的牌,就算赢家. 假如只要叫对一次就算赢家的话,请问你成为赢家的机会有多大？

提示：我们很容易地看到,直觉上讲来大家都以为赢面不大,最大不会超

过二分之一. 其实，正如我们所讨论过的，赢的机会是 $1 - \dfrac{1}{e}$，即差不多是 $\dfrac{2}{3}$. 这就是说，如果玩很多次的话，一定玩三次就有两次你会叫对牌.

（四）查阅资料了解 $e^{i\pi} + 1 = 0$ 这个公式的由来，同时找一找其他关联 π 和 e 的公式.

（五）把 e 算到小数点之后二十位，它的值是 2.7182818284904523536，这个数怎样记可以更快？

第十五讲　无以言表

一、游戏导入

课前请同学们回忆：$(a+m)(b+n)=ab+an+bm+mn$ 此多项式乘法法则的证明过程.

二、游戏背景

这是上海教育出版社出版的七年级数学第一学期第 30 页的内容,运用图形形象的解释多项式乘法的规则. 发展几何直观,培养数形结合的数学思想,对学生的学习尤为重要.

首先,这可以帮助学生形成和谐、完整的数学概念. 化抽象为具体,容易揭示数学概念的来龙去脉,更好地获得对知识本质的理解.

其次,这可以发展和优化学生的数学认知结构. 使学生的知识整体化、系统化,便于学生在各种知识背景下提取有用的信息,且能从"数"与"形"两个维度去考虑解决问题. 加强了知识与知识之间的相互联系与转化,构建了有效的知识网络,使学生原有的认知水平得到了深化发展,使学生对知识的理解更加深刻透彻.

总之,利用数形结合,唤起学生对数学美的追求. 培养学生审美情趣,经历审美体验,提高审美意识和审美能力,以激励起学生学好数学的激情、动力和追求解题的艺术美,促进人的素质全面提高.

三、 游戏破解

根据代数结构,构造矩形,利用面积公式来解释,如图 15-1.

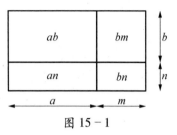

图 15-1

四、 游戏背后的数学

数形结合是解决具体问题的"向导".数形结合是一种思维策略,模型化,直观化,用简单直观的图形代替冗长的代数推理.常常根据数量关系与图形特征之间的联系和规律,把数的问题转化迁移到与之相应的形的问题.

五、 拓展学习与思考

拼图的办法验证代数恒等式,巧妙地把数与形结合在一起,使得数中有形,形中有数,使得学生对公式有一个直观的认识,发展了几何观,把数量关系的研究转化为图形性质的研究,使代数的精确刻画与几何图形的形象直观巧妙的统一起来,展现了数学之美.其基本步骤为,首选用不同的方法表示同一个图形的面积,然后利用面积相等列出等式,一般不要求化简,因为等式两边是恒等的,相同的东西,可以相互抵消.通过代数恒等式,构造平面图形的面积,利用了正方形和长方形或三角形的面积公式,所以构造出的图形一般有正方形,长方形或三角形.当然也会涉及其他立体图形等等.许多公式运用图形解释可以更加直观的理解,现将中学阶段的部分题目列举如下:

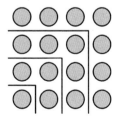

图 15-2

例1:求证:$1 + 3 + 5 + \cdots + (2n - 1) = n^2$.

解:图 15-2 中 L 型折线环内的圆点数目恰是所求和

式中的各项,所以各项和就是所有的圆点个数,不断进行下去,对应的正方形的边长为 n,所以结果是显然的.

例2:求证:$1^2 + 1^2 + 2^2 + 3^2 + 5^2 + 8^2 \cdots + F_n^2 = F_n F_{n+1}$(斐波那契数列的性质之一).

如图 15-3 所示,每个小正方行的边长为 1,1,2,3,5,8,$\cdots$,所以小正方形的面积对应着所求和式左边的各个项,图形不断地补充下去,所以上式中的和正好对应着最终形成的大矩形的面积即 $F_n F_{n+1}$.

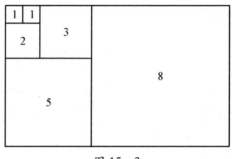

图 15-3

例3:求证:$\sqrt{a^2 + b^2} + \sqrt{c^2 + d^2} \geqslant \sqrt{(a+c)^2 + (b+d)^2}$.

如图 15-4,构造了直角三角形,使用勾股定理的结构,依据三角形的两边之和大于第三边(共线时等号成立),命题得证.

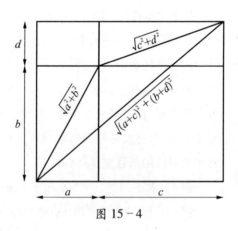

图 15-4

例4：求证：$\dfrac{d}{c} < \dfrac{b+d}{a+c} < \dfrac{b}{a}\left(a, b, c, d > 0, \dfrac{d}{c} < \dfrac{b}{a}\right)$.

如果两个分数的分子分母都是正数,则他们的分子分母分别相加得到的新分数位于这两个分数之间.构造直角坐标系的模型(如图15-5),将斜边的长度转换成斜率即可得证.

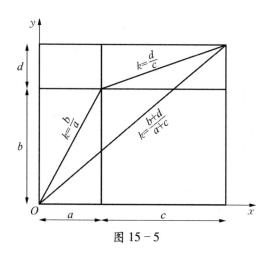

图 15-5

例5：对于无穷级数的求和：$1 + \dfrac{1}{2} + \dfrac{1}{4} + \dfrac{1}{8} + \dfrac{1}{16} + \cdots = 2$.

图15-6我们也可以有形象的解释：首先限定一个 $1×2$ 的矩形,面积为2.然后我们将它切去 $\dfrac{1}{2}$,再切去剩下的 $\dfrac{1}{2}$,就这样不停地切下去.第一次切完后

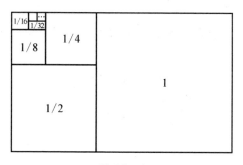

图 15-6

矩形的面积为 1,接下来的面积依次是 $\dfrac{1}{2}$,$\dfrac{1}{4}$,…. 随着 n 趋于无穷,这些切掉的部分就会组成整个矩形,因此它们的面积和为 2.

例 6. 证明余弦定理 $c^2 = a^2 + b^2 - 2ab\cos\theta$ $(\theta = \angle C)$.

如图 $15-7$,在 $\text{Rt}\triangle MNE$ 中,$\angle MEN = \theta$,$ME = b$,$EN = b\cos\theta$,$MN = b\sin\theta$,$NF = a - b\cos\theta$.

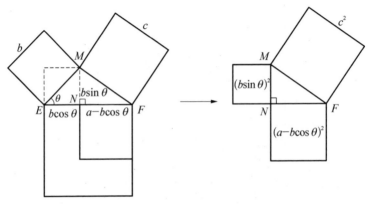

图 $15-7$

在直角三角形 MNF 中,利用勾股定理即可得到:

$$(b\sin\theta)^2 + (a - b\cos\theta)^2 = c^2,$$

化简可得余弦定理 $c^2 = a^2 + b^2 - 2ab\cos\theta$ $(\theta = \angle C)$.

例 7: 求证:$\sqrt{ab} \leqslant \dfrac{a+b}{2}$ $(a > 0,\ b > 0)$.

如图 $15-8$ 所示,构造直径为 $a + b$ 的半圆,同时保证直角三角形 ABC 的一条直角边的长为 a.

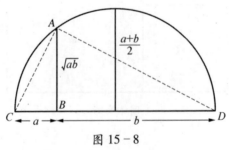

图 $15-8$

例8：求证：

$$1^2 + 2^2 + 3^2 + 4^2 + 5^2 + 6^2 \cdots + n^2 = \frac{1}{3}n(n+1)\left(n+\frac{1}{2}\right).$$

如图 15-9，运用 3 个第 n 层小方块的个数为 n^2 个的图形，作为一个立方体的"一角"，而后拼接可得.

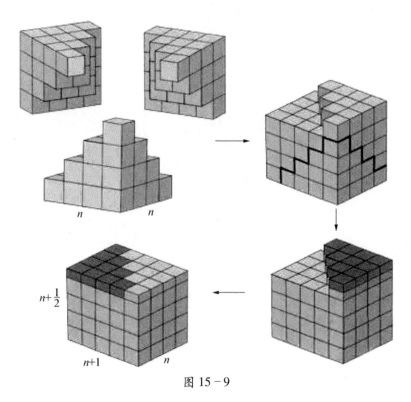

图 15-9

例9：求证：$1^3 + 2^3 + 3^3 + 4^3 + \cdots + n^3 = (1 + 2 + 3 + 4 + \cdots + n)^2$.

如图 15-10，利用小方块的个数表示，最后拼成一个大的正方形，进而表示小方块的个数即可.

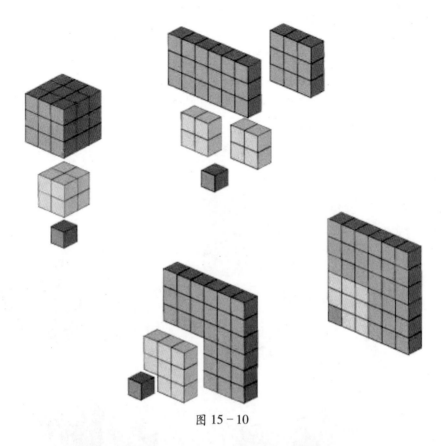

图 15 - 10

例 10. 利用图形求 1999 × 2003 − 1998 × 2004 的值.

如图 15 - 11, 原式即两小长方形面积之差, 即 2003−1998 = 5.

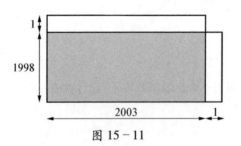

图 15 - 11

六、 动手做

（一）关于整式乘法有关的公式或等式能够通过图形的面积得以验证,是因为: a 的平方可以转化为以 a 为边长的正方形面积;字母 a、b 的乘积可以转化为长为 a 宽为 b 的长方形的面积,或者,直角边为 a、b 的直角三角形的面积的 2 倍.

如图 15 - 12 是四张全等的矩形纸片拼成的图形,请利用图中空白部分面积的不同表示方法,写出一个关于 a、b 的恒等式.

（二）请同学们自己思考用图形证明立方差、立方和以及勾股定理.

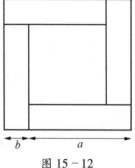

图 15 - 12

第二部分

双（多）人游戏

第十六讲　报数游戏与巴什博弈

一、游戏导入

　　课堂上，同桌两人一组，从 1 开始轮流报数.每人每次可以报一个数或两个连续的数，谁报到 30，谁就获胜.

　　思考一下：这个游戏公平吗？有没有必胜的策略？如果改变 30 这个数字，或者改变每次可以报的数字个数，情况又会怎样呢？

二、游戏背景

　　上述游戏一般称作"抢 30"，是我国民间的一个两人游戏.数学中把这类有 n 个物品，两人轮流取物 1 至 m 个，取到最后一个物品的人获胜的游戏统称为巴什博弈（Bash Game），它是一种简单的博弈论.

　　博弈论（game theory），又称为对策论，或者赛局理论，研究的是聪明、理性的决策者之间的冲突与合作的数学模型.博弈论主要应用在经济学、政治学、心理学、逻辑学和计算机科学中.最初它只讨论零和游戏，即参与博弈的一方的获益必将伴随着另一方的损失，双方不会展开合作.现如今它广泛地应用到了各种行为关系中，是人类、动物、计算机的逻辑决策科学的统称.

三、 游戏破解

"抢30"问题可以用倒推法解决.要想抢到30,必须先抢到27.否则,若对方报数到27,无论自己报到28还是29,对方均可报到30获胜.同理,要抢到27,必须抢到24……如此倒推回去,可得到一系列关键数:30、27、24、21、18、…、9、6、3.所有这些关键数都是3的倍数.观察到3是两个报数者能够报出的最多个数与最少个数的和,称"3"为关键因子.在"抢30"游戏中,后报数者一定能抢到3的倍数,所以后报数者有必胜策略.

报数获胜的策略就是:(1)让对方先报数;(2)后手每次报数的个数为关键因子减去对方所报数的个数,例如对方报"1"因为只有一个数字,关键因子是3,所以后手就要报3-1=2个数,也就是要报"2,3";如果对方报"1,2",那么有两个数字,所以后手要报3-2=1个数字"3"……以此类推.这样自己每次所报数都包含关键数.如果对方一定要后报,你只能期待对方不懂策略或者大意出错了.

"两个人从1开始轮流报数,每人每次可报一个数到三个连续的数"的这个游戏中要抢到30,4是两个报数者能够报出的数的个数最多个数与最少个数的和,即关键因子为4,最后数30与关键因子4相除的余数为2,所以不平衡因子为2,这是一个先手必胜的游戏.

报数获胜的策略就是:自己先报数,目的要消除不平衡因子,所以你要报两个数"1,2",接下来的游戏就是一个后手必胜的游戏了.例如对方报"3",因为只有一个数字,关键因子是4,所以后手就要报4-1=3个数,也就是要报"4,5,6";如果对方报"3,4",那么有两个数字,所以后手要报4-2=2个数字"5,6"……以此类推.这样自己每次所报数都包含关键数,就可以确保获胜.

四、 游戏背后的数学

在类似游戏中,一般地,我们把游戏者所能报数字个数的最多个数和最少数之和称为关键因子 k,关键数就是 k 的倍数.最后报的数与关键因子相除,如果能整除,我们称这个游戏为平衡游戏;如果最后报的数与关键因子相除有余数,这个游戏就可以称为不平衡游戏,所得的余数就是不平衡因子.不平衡游戏也是不公平的游戏,先报数者有必胜策略.先报数者的获胜策略就是先消除不平衡因子,使其变成一个平衡游戏,先报数者随后就成为平衡游戏的后报数者.也就是说在平衡游戏中,后报数者有必胜策略.

五、 拓展学习与思考

如果你已经了解了游戏的取胜秘诀,或还没有摸索出必胜的规律,请在下面的游戏中继续体验吧.

将上述游戏改为抢 100,每人可报数为 1 至 2 个连续的自然数,谁先报到 100 谁就是胜利者.(提示:这里关键因子是 3,不平衡因子是 1)

还可以改为抢 100 报数游戏中,每人可报数为 1 至 10 个连续的自然数,谁先报到 100 谁就是胜利者.(提示:这里关键因子是 11,不平衡因子是 1)

在物品总数为 n,每次取 1 至 m 个的巴什博弈中,如果 $n = m + 1$,显然,无论先取者取多少个,后取者都可以直接拿完剩余的物品取胜.

对于更一般的情形,可以先做带余除法 $n = (m + 1)r + s$,其中 $s \leqslant m$.

当 $s = 0$ 时,是后手必胜的游戏.后手只需要抢到每个关键数就可以获胜;

当 $s \neq 0$ 时,是先手必胜的游戏.先手需要先抢到不平衡因子 s,再抢到每一个关键数就可以获胜.

总而言之,只要一直给对手留下 $m + 1$ 的倍数个物品,自己就可以取胜.

思考一下:加入规则改为报到最后一个数的人输,那么获胜的策略又是怎样的?

六、 动手做

(一) 两个人玩移火柴的游戏,桌子上有 1000 根火柴,每个人每次可以拿走 1—7 根火柴,拿走桌子上最后那根火柴的算输,问第一个人第一次要拿多少根火柴才能保证赢?

(二) 一局游戏在两个玩家之间如下交替进行:游戏从一空堆开始.当轮到一个玩家时,他可以往堆中加进 1, 2, 3 或 4 枚硬币.往堆中加进第 100 枚硬币的玩家为得胜者.请问:在这局游戏中是玩家 A 还是玩家 B 能够确保取胜? 取胜的策略是什么?

(三) 取蜜蜂游戏

这是个二人游戏:如果你找不到对手,就去想一种必胜的策略吧.如图 16-1,开始时 13 只蜜蜂都在靠近花心的地方,每人每次把一到两只密锋移到花瓣外侧.谁移动最后一只蜜蜂就获胜,如果你的对手先来,那你能想出一种策略,使你每次都能获胜吗?

图 16-1

第十七讲　二人取物之威索夫游戏

一、 游戏导入

教师提前准备游戏的材料：围棋的棋子或是大小较为均匀的玻璃球、石子皆可. 课堂上让同学自由结组(视材料决定每个小组的人数,最佳的小组人数为 2 个人,如果人数较多,则可以轮流来玩),教师给每个小组分发材料,每组至少有 25 粒,要求每组学生记录下自己分得甲、乙两堆的颗粒数目,然后按照以下规则(每次三选一)轮流取物,不能不取,取到最后一颗粒子的同学获胜.

(1) 从甲堆中取走一些棋子；

(2) 从乙堆中取走一些棋子；

(3) 从甲、乙两堆中取走相同数目的棋子.

二、 游戏背景

1907 年,荷兰数学家威索夫从数学角度分析了上述游戏,故其被称为威索夫游戏(Wythoff Game). 我们用 (a_k, b_k) $(a_k \leqslant b_k, k = 0, 1, 2, \cdots, n)$ 表示两堆物品的数量,并称其为状态,如果甲面对 $(0, 0)$,那么甲就输了,这种状态我们称为乙的获胜状态. 威索夫教授发现了这一游戏存在一些"获胜状态",经过分析,威索夫教授列出了一张"获胜状态表".我们在课堂上要再现这个探求的过程:通过学生的不同分堆,让学生在游戏过程中找到获胜的缘由,及时记录总结,提炼总结.特别是对于获胜的分类线索可以在老师的提示下完成,即告诉同学们在分堆的时候按照(1, 2)、(3, 5)、(4, 7)、(6, 10)、(8, 13)、(9, 15)、(11, 18)、(12, 20)这样的分法.游戏可以锻炼学生的分类归纳意识.

三、 游戏破解

（一）(0, 0),先手输.因为当游戏某一方面对(0, 0)时,他没有办法取了,那么肯定是先手在上一局取完了,所以后手必胜.

（二）(1, 2),先手输,因为先手只有四种取法:1) 取"1"中的一个,那么后手取第二堆中两个;2) 取"2"中一个,那么后手在两堆中各取一个;3) 在"2"中取两个,那么后手在第一堆中取一个;4) 两堆中各取一个,那么后手在第二堆中取一个.可以看出,不论先手怎么取,其必输！所以也是后手必胜.

（三）(3, 5),先手输.首先先手必定不能把任意一堆取完,如果取完了,很明显后手取完另一堆先手必输,那么假如先研究从一堆中取的情况,假设先手先在第一堆中取:取 1 个,后手第二堆中取 4 个,变成(1, 2)了,上面分析了是先手的必输局;取 2 个,后手第二堆中取 3 个,也变成(1, 2)局面了.假设先手在第二堆中取,取 1 个,那么后手在两堆中各取 2 个,也变成(1, 2)局面了;取 2 个,那么后手可以两堆中都去三个,变成(0, 0)局面了;取 3 个,后手两堆各取 1 个,变成(1, 2)的局面了;取 4 个,后手在第一堆中取一个,变成(1, 2)的局面了.若同时在两堆中取,也可以推得类似结论.可见不论先手怎么取,其必输！所以也是后手必胜.

下表 17-1 是威索夫教授列出的"获胜状态表",其中 p、q 分别代表两堆的颗粒数目.

表 17 - 1

	获胜状态 (p, q)*	p	q	$\|p-q\|$
1	$(0, 0)$	0	0	0
2	$(1, 2)$	1	2	1
3	$(3, 5)$	3	5	2
4	$(4, 7)$	4	7	3
5	$(6, 10)$	6	10	4
6	$(8, 13)$	8	13	5
7	$(9, 15)$	9	15	6
8	$(11, 18)$	11	18	7
9	$(12, 20)$	12	20	8
$\vdots$	$\vdots$	$\vdots$	$\vdots$	$\vdots$

四、 游戏背后的数学

可以看出, $a_0 = b_0 = 0$, a_k 是未在 $\{a_0, b_0, a_1, b_1, \cdots\cdots a_{k-1}, b_{k-1}\}$ 中出现过的最小自然数, 且 $b_k = a_k + k$, 获胜状态有如下三条性质:

性质 1: 任何自然数都包含在一个且仅有一个获胜状态中.

由于 a_k 是未在 $\{a_0, b_0, a_1, b_1, \cdots\cdots a_{k-1}, b_{k-1}\}$ 中出现过的最小自然数, 所以每个自然数都包含在一个获胜状态中, 并且有 $a_k > a_{k-1}$, 而 $b_k = a_k + k > a_{k-1} + k - 1 = b_{k-1}$. 所以 $\{a_k\}$、$\{b_k\}$ 都是严格递增的数列, 所以每个自然数都只包含在一个获胜状态中, 性质 1 成立.

性质 2: 任意操作都可将获胜状态变为非获胜状态.

事实上, 若只改变获胜状态 (a_k, b_k) 的某一个分量, 那么另一个分量不可能在其他获胜状态中, 所以必然是非获胜状态. 如果使 (a_k, b_k) 的两个分量同时减少, 则由于其差不变, 且不可能是其他获胜状态的差, 因此也是非获胜状态.

性质 3: 采用适当的方法, 可以将非获胜状态变为获胜状态.

假设面对的局势是 (a, b), 若 $b = a$, 则同时从两堆中取走 a 个物体, 就变为了获胜状态 $(0, 0)$; 如果存在 k, 使得 $a = a_k$, $b > b_k$, 那么, 取走 $b - b_k$ 个物体, 即变为获胜状态; 如果存在 k, 使得 $a = a_k$, $b < b_k$, 则同时从两堆中拿走 $a_k - a_{b-a_k}$

个物体,变为获胜状态$(a_{b-a_k}, b + a_{b-a_k} - a_k)$;如果存在$k$,使得$a > a_k$,$b = b_k$则从第一堆中拿走多余的数量$a - a_k$即可;如果存在$k$,使得$a < a_k$,$b = b_k$,分两种情况,第一种,$a = a_j(j < k)$,从第二堆里面拿走$b - b_j$即可;第二种,$a = b_j(j < k)$,从第二堆里面拿走$b - a_j$即可.

从如上性质可知,两个人如果都采用正确操作,那么面对非获胜状态,先拿者必胜;反之,则后拿者取胜.

五、 拓展学习与思考

任给一个局势(a, b),怎样判断它是不是获胜状态呢? 我们有如下公式:

$$a_k = \left[\frac{k(1 + \sqrt{5})}{2} \right], b_k = a_k + k(k = 0, 1, 2, \dots, n,方括号表示取整函数).$$奇妙的是其中出现了黄金分割数$\dfrac{1 + \sqrt{5}}{2} = 1.618\cdots$,因此,由$a_k$、$b_k$组成的矩形近似为黄金矩形.

由于$\dfrac{\sqrt{5} - 1}{2} = \dfrac{2}{\sqrt{5} + 1}$,可以先求出$j = \left[a\dfrac{\sqrt{5} - 1}{2} \right]$,若$a = \left[j\dfrac{\sqrt{5} + 1}{2} \right]$,那么$a = a_j$,再判断$b_j$是否为$a_j + j$. 若不等于,那么再判断是否有$a = a_{j+1}$,$b_{j+1} = a_{j+1} + j + 1$. 若都不是,那么就不是获胜状态.然后再按照上述的性质3行动,一定会变为获胜状态.

在实际游戏博弈过程中,对于大数目的两堆而言,可以先"毫无顾忌"地多拿走一些,把大数目变成小数目,然后再利用获胜状态进行缜密的思考.

六、 动手做

如图17-1,一个国际象棋棋盘上有一个皇后.每个人可以把它往左或下或左下45度移动任意多步.把皇后移动至左下角的游戏者获胜.现在给出皇后初

始的 X 坐标和 Y 坐标,如果轮到你先走,假设双方都采取最好的策略,问最后你是胜者还是败者?

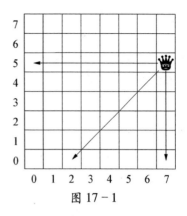

图 17-1

甲如果将皇后放入 17×17 的棋盘,规定只能放在棋盘最上面或最右面的一条边的格子上,从乙开始轮流移动这个棋子,只能向左,下,或左下 45 度移动任何格数,使棋子移动到左下角的格子的人获胜,请问谁有必胜策略,必胜策略是什么?

第十八讲 二人取物游戏之尼姆游戏

一、 游戏导入

课堂上每两位同学一组,教师给每组分发围棋棋子或是其他较为均匀的石子,将它们分成两堆,要求每堆颗粒的数量都是有限的.两人轮流取,每次取出的数量不限但至少取 1 个,每次也只能从 1 堆里取.谁取到最后一个,谁就是获胜者.(注意:不能不拿,也不能跨堆拿.)

如果某些组的同学已经发现了游戏取胜的秘诀,不妨将之前的游戏中的两堆变成三堆,两个人轮流从某一堆取任意多的物品,规定每次至少取一个,多者不限,最后取光者得胜.你可以找到必胜的策略吗?

二、 游戏背景

从古代开始人们就玩各种尼姆游戏的变体游戏,据说它起源于我国的取石子游戏.一种我国民间很古老的二人游戏.游戏规则极其简单,易上手,同时富含深刻的数学原理.数学界常称此类游戏为尼姆游戏.尼姆游戏是组合游戏(Combinatorial Games)的一种,准确来说,属于无偏组合游戏(Impartial Combinatorial Games,简称 ICG).尼姆游戏是博弈论中最经典的模型之一,它有着十分简单的规则和无比优美的结论.

尼姆游戏中,假定进行到某种状态后,先手按照一种正确的策略一定能够取胜,则称这一状态为先手的必胜状态(N-position[①]),此时正确的策略可称为先手必胜策略.

反之,假定进行到某种状态后,后手按照一种正确的策略一定能够取胜,则称这一状态为后手的必胜状态(P-position),此时正确的策略可称为后手必胜策略.

三、 游戏破解

对于三堆火柴的尼姆游戏,若有 3 堆火柴,比如根数分别为 7、8、9.甲乙两人轮番从其中一堆中取出 1 根或几根火柴,取到最后一根者获胜.先取者还是后取者有必胜策略? 如何取胜? 我们先看一个实例:

甲:(7, 8, 9)[②]->(1, 8, 9);乙:(1, 8, 9)->(1, 8, 4)

甲:(1, 8, 4)->(1, 5, 4);乙:(1, 5, 4)->(1, 4, 4)

甲:(1, 4, 4)->(0, 4, 4);乙:(0, 4, 4)->(0, 4, 2)

甲:(0, 4, 2)->(0, 2, 2);乙:(0, 2, 2)->(0, 2, 1)

甲:(0, 2, 1)->(0, 1, 1);乙:(0, 1, 1)->(0, 1, 0)

甲:(0, 1, 0)->(0, 0, 0).乙不能再取,最终甲获胜.

显然(0, 0)是一个后手必胜状态(P-position),因为此时最后一颗石子已经被上一行动人取走.如果轮到你的时候,只剩下一堆石子,那么此时的必胜策略肯定是把这堆石子全部拿完一颗也不给对手剩,然后对手就输了.如果剩下两堆不相等的石子,必胜策略是通过取多的一堆的石子将两堆石子变得相等,以后如果对手在某一堆里拿若干颗,你就可以在另一堆中拿同样多的颗数,直至

---

① 定义 P-position 和 N-position,其中 P 代表 Previous,N 代表 Next.直观地说,上一次行动的人有必胜策略的局面是 P-position,也就是"后手可保证必胜"或者"先手必败",现在轮到行动的人有必胜策略的局面是 N-position,也就是"先手可保证必胜".

② 为便于描述,我们用记号$(p, q, \cdots, r)$表示尼姆游戏中某时刻的状态,括号中的数字为各堆中的石子数量.

胜利.如果你面对的是两堆相等的石子,那么此时你是没有任何必胜策略的,反而对手可以遵循上面的策略保证必胜.如果是三堆石子……这时已经很难分析了,我们最好能够设计出一种在有必胜策略时就能找到必胜策略的算法.

四、 游戏背后的数学

如果某一时刻火柴的状态处于 N-position,那么先取者必胜,其策略是取完后使火柴根数保持为 P-position.

对于两堆的情形,最简单的 P-position 是 $(1,1)$,即 2 堆火柴,每堆各 1 根.最简单的 N-position 是 $(1,0)$,即只剩一堆还有 1 根火柴.

再例如 2 堆火柴数都为 2 根的情形 $(2,2)$,这是一个 P-position,因为若先手取其中一堆的 1 个,后手可以取另一堆的 1 个,化为 $(1,1)$ 的情形;若先手取一堆的 2 个,后手取另一堆的 2 个即可获得胜利,从而后取者必胜.

3 堆火柴数分别为 1 根、2 根、1 根的情形 $(1,2,1)$ 是一个 N-position,先手只要取中间一堆的 2 根即可获胜.

自然地,我们可以猜想:当只有两堆石子且两堆石子数量相等时后手有必胜策略,即 $(p,p)^*$ 是一个 P-position.

接下来我们讨论三堆的状态为 $(1,2n,2n+1)$.下面我们讨论后手 A 的应对方略:

首先,当 B 拿完之后,后手 A 一定有办法把它拿成 $(p,p)^*$ 或 $(1,2n', 2n'+1)$ 的状态,也就是说,后手 A 一定有办法要么拿成两堆相等的状态 $(p,p)^*$,要么拿成与原先类同的状态 $(1,2n',2n'+1)$,当然,后者的 n' 要比 n 小.

事实上,如若 B 拿掉只剩一根的那一堆,则后手 A 可拿掉 $(2n+1)$ 根那一堆中的一根,从而拿成 $(p,p)^*$ 的状态获胜;又若 B 拿掉 $(2n+1)$ 根那一堆中的一根,则 A 可拿掉单根的那一堆,也变成 $(p,p)^*$ 的状态,A 获胜;再若 B 从 $2n$ 或 $(2n+1)$ 堆中拿掉若干根,那么 A 一定可以接着拿成其中奇数比偶数多一根的形式,即拿成 $(1,2n',2n'+1)$ 的状态.对于 $(p,p)^*$ 的状态,A 可以跟着 B 对称地拿,从而确保拿到最后一根. 对于 $(1, 2n', 2n' + 1)$ 的状态,B 可以拿成根数更少的类似形式,直至 B 面对 $(1, 2, 3)$ 的状态,无论再如何取,A 都可以取成 $(p, p)^*$ 的状态,获得胜利.

综上,我们有 $(1, 2n, 2n + 1)$ 是一个 P-position.

五、 拓展学习与思考

我们已经知道了一些对后手的获胜状态,但对任意给出的一种游戏状态,例如 $(2, 4, 6)$ $(3, 5, 7)$ $(2, 3, 4, 5, 6, 7, 8, 9)$…如何判断它们是否是"获胜状态"呢? 这是掌握尼姆游戏的制胜秘诀,也是首先需要解决的问题. 其次,既然有"获胜状态",自然也就有"非获胜状态". 如果游戏的一方已经拿到了"获胜状态",现在轮到另一方拿,按理说他只能拿到"获胜状态". 是否会出现这样的情形:某甲在游戏中拿到了"获胜状态",现在轮到某乙拿,而某乙也能拿到"获胜状态"呢? 这显然至关重要! 因为如果是这样的话,"获胜状态"的概念就从根本上就失去了意义! 这是需要解决的第二个大问题. 再次,如果某甲已经取得"获胜状态",他要怎样才能使自己以后步步都占据"获胜状态"呢? 这是需要解决的第三个大问题. 解决了上面三个问题,也就等于掌握了尼姆游戏的制胜诀窍!

那么,"获胜状态"具有什么样的特征呢? 为弄清这一点,我们先介绍状态"尼姆和"的概念.

把每一堆火柴的数目用二进制数表示出来,有几堆火柴就写几个二进制数码. 然后将各数码作直式相加但不进位,也就是说,如果某一位的和是十进制中的偶数,这一位的运算结果就是 0,否则运算结果就是 1. 二进制数的这种不进位的加法运算,我们称它为"尼姆和",并在答案的下方标上"Nim". 以与普通的二进制数加法的答案相区别.

例如,求状态 $(1, 2, 3)$ 的尼姆和时,先把 1,2,3 转换为二进制数 1,10,11,再作不进位的直式加法:

$$
\begin{array}{cc}
0 & 1 \\
1 & 0 \\
1 & 1 \\
\hline
0 & 0
\end{array}
$$

因此状态$(1,2,3)$的尼姆和为 $0_{(\mathrm{Nim})}$.

人们已经找到了如下的尼姆游戏的获胜状态的简易判定法则,它由美国数学家 C. L. Bouton 分析完成:

如果一种状态,其尼姆和为 $0_{(\mathrm{Nim})}$,那么它便是获胜状态,否则便是非获胜状态.

假定某 A 已经拿成了获胜状态,也就是说.此时桌上各堆火柴的数目所写成的二进制数,不进位直式相加的尼姆和为 0,现在轮到 B 拿.B 不可避免地要使某个二进位数中的一些 1 变为 0,而使另一些 0 变为 1,从而破坏了列加"尼姆和"为 0 的特性.这意味着 B 所拿成的一定不能是"获胜状态".

反过来,如果 B 所拿的是"非获胜状态",那么接下来 A 就一定有办法把它拿回到获胜状态.

综合上面两种情形,说明如果 B 拿成"非获胜状态",则 A 一定有办法把它拿回到"获胜状态",而 A 一旦拿成"获胜状态",轮到 B 拿,就只能破坏这种状态! 这就是说,只要 A 在游戏的某个时刻把握住了获胜状态,他实际上已经稳操胜券了!

不过,实战似乎要容易得多,如果对方是个"生手",完全不必如临大敌,更无须动用二进位数及"尼姆和"等数学工具.因为开始时,每堆火柴根数很多,堆数也很多,你完全可以随心所欲地拿! 等火柴拿得差不多时,再看准那些形如:$(2,3)^*$,$(1,2,3)^*$,$(2,4,6)^*$,$(n,n)^*$,$(1,2n,2n+1)^*$之类的基本获胜状态或它们的组合,你的胜利是完全不成问题的!

六、 动手做

(一) 有 3 堆火柴,根数分别为 12、9、6.甲、乙两人轮番从其中一堆中取出

1 根或几根火柴,取到最后一根者获胜. 先取者还是后取者有必胜策略,如何取胜?

（二）反尼姆博弈:有若干堆石子,两个人轮流从中取石子. 每堆石子的数量都是有限的,合法的取石子操作是"选择一堆石子并拿走若干颗(不能不拿)". 拿走最后一颗石子的人失败. 问:先手是否必胜?

（三）闷宫棋(如图 18 - 1)

你能发现哪方必胜并找到必胜策略吗?

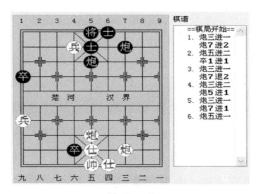

图 18 - 1

第十九讲　兔子数列与魔法

一、游戏导入

请同学们在下表 19－1 中的第一行和第二行中分别填入 1—10 中的一个数. 将这两个数相加,并把和填入第 3 行. 将第 2 行和第 3 行的数相加,将他们的和填入第 4 行. 继续填写上表其余各行(第 5 行＝第 3 行＋第 4 行,以此类推),直到所有 10 行全部填满. 接下来,用第 9 行的数去除第 10 行的数,将结果保留三位小数.

表 19－1

第 1 行	
第 2 行	
第 3 行	
第 4 行	
第 5 行	
第 6 行	
第 7 行	
第 8 行	
第 9 行	
第 10 行	

如果条件允许,可以课前请同学准备好计算器,那么前两个数字可以使用任意一个正数,其余规则相同.亦可把表格不断地延续下去,增加行数至 20 行或 30 行等等.

二、 游戏背景

13 世纪初,意大利数学家斐波那契写了一本叫做《计算之书》的著作,书中有许多有趣的数学题目,其中最有趣的是下面这个兔子问题:"从一对雌雄兔子开始,他们在第二月能生一对小兔子,而每对小兔在它出生后的第二个月里,又能生一对小兔子,假定所有兔子在两个月大的时候开始繁殖,此后每一个月恰好生产一对小兔子,而且假设所有的兔子都不会死情况下,得到的兔子的数目为:1,1,2,3,5,8,13,21……这列数里隐含着一个规律:从第 3 个数起,后面的每个数都是它前面两个数的和.而根据这个规律,只要做一些简单的加法,就能推算出以后各个月兔子的数目了.于是,按照这个规律推算出来的数,构成了数学史上一个有名的数列.大家都叫它"斐波那契数列",又称"兔子数列".

人们还发现许多现象都与斐波那契数列有着千丝万缕的联系,连一些生物的生长规律,在某种假定下也可由这个数列来刻画,比如:①杨辉三角对角线上各数之和构成斐波那契数列.②多米诺牌(可以看作一个 2×1 大小的方格)完全覆盖一个 $n \times 2$ 的棋盘,覆盖的方案数等于斐波那契数列.③蜜蜂的繁殖中,雄峰只有母亲,没有父亲,因为蜂后产的卵,受精的孵化为雌蜂,未受精的孵化为雄峰.人们在追溯雄峰的祖先时,发现一只雄峰的第 n 代祖先的数目刚好就是斐波那契数列的第 n 项 F_n.④钢琴的 13 个半音阶的排列完全与雄峰第六代的排列情况类似,将斐波那契数列上的数字转化成音符演奏出来的旋律非常美妙.⑤自然界中一些花朵的花瓣数目:马蹄花的花瓣数为 1,百合花的花瓣数是 3,梅花的花瓣数为 5,格桑花的花瓣数为 8,也就是说在大多数情况下,一朵花的花瓣数目都是 1,3,5,8,13,21,34,……

黄金分割是一种比例关系,即把一条线段分为两部分,得到的长线段与短线段的长度之比恰恰等于整条线段与长线段的长度之比,其数值约为 1.618,这个比率被称作黄金比. 最早系统论述黄金分割的是欧几里得的《几何原本》, 在第 2 卷的命题 Ⅱ.11 中蕴含着黄金分割的基本思想, 在第 4 卷中记载着用黄金分割方法作正五边形的问题, 在第 6 卷中黄金比被称为"中末比", 意大利数学家帕乔利称"中末比"为"神圣比例", 最早在著作中使用"黄金分割"这一名称的是德国数学家欧姆.

斐波那契数列的第 n 项的近似值是 $\dfrac{1.618^n}{2.236}$, 它与黄金分割有着千丝万缕的联系, 魔术背后的数学正是源于此.

三、 游戏破解

无论你相信与否, 在第一行和第二行中分别填入任意一个正数(无须整数, 也无须是 1—10 的数字)第 10 行与第 9 行的比值一定在 1.61 和 1.62 之间. 这是为什么呢? 我们将第一行的数字和第二行的数字分别记做 x、y. 如表 19-2 所示, 则第 10 行与第 9 行的比值为 $\dfrac{21x+34y}{13x+21y}$.

表 19-2

第 1 行	x
第 2 行	y
第 3 行	$x+y$
第 4 行	$x+2y$
第 5 行	$2x+3y$
第 6 行	$3x+5y$
第 7 行	$5x+8y$
第 8 行	$8x+13y$
第 9 行	$13x+21y$
第 10 行	$21x+34y$

再用下面这个性质：

对于任意两个分数 $\dfrac{a}{b} < \dfrac{c}{d}$，其中 b、d 为正数，都有 $\dfrac{a}{b} < \dfrac{a+c}{b+d} < \dfrac{c}{d}$. 得到

对于任意 $x, y > 0$ 有：

$$\frac{21x}{13x} = \frac{21}{13} = 1.615\cdots, \quad \frac{34y}{21y} = \frac{34}{21} = 1.619\cdots.$$

所以 $1.615\cdots = \dfrac{21}{13} = \dfrac{21x}{13x} < \dfrac{21x+34y}{13x+21y} < \dfrac{34y}{21y} = \dfrac{34}{21} = 1.619\cdots.$

四、 游戏背后的数学

通过代数运算，我们可以证明来源于兔子问题的斐波那契数列中两个相邻数字之间的比与黄金比越来越接近.

根据斐波那契数列定义，$F_{n+1} = F_n + F_{n-1}$，随着 n 的变大，$\dfrac{F_{n+1}}{F_n}$ 与某个比值 r

越来越接近. 随着 n 不断变大，等式 $\dfrac{F_{n+1}}{F_n} = 1 + \dfrac{F_{n-1}}{F_n}$ 的左边不断趋近于 r，右端不

断趋近于 $1 + \dfrac{1}{r}$，因此有方程 $r = 1 + \dfrac{1}{r}$. 两边同时乘以 r 得 $r^2 = r + 1$，整理得

$r^2 - r - 1 = 0$，解得 $r = \dfrac{1+\sqrt{5}}{2}$. 也就是黄金比. （表示黄金比美国常用

$1.61803\cdots$，中国常用 $0.61803\cdots$. ）

五、 拓展学习与思考

对于神奇的斐波那契数列，人们不仅仅惊讶于它在自然界中的踪影，更沉醉于它表现出来的那些魅力无穷的规律：

（一）前 n 项和的表示

首先,我们把斐波那契数列的前几个数字相加,如表 19-3,观察它们的和有什么特点:

表 19-3

1 = 1
1+1 = 2
1+1+2 = 4
1+1+2+3 = 7
1+1+2+3+5 = 12
1+1+2+3+5+8 = 20
1+1+2+3+5+8+13 = 33

我们观察得到的结果并不是数列中的项,但是与之非常接近,我们再将和改写一下,发现它们都是对应前 n 项和中第 $n+2$ 项再减 1. 如表 19-4 所示.

表 19-4

1 = 1 = 2-1
1+1 = 2 = 3-1
1+1+2 = 4 = 5-1
1+1+2+3 = 7 = 8-1
1+1+2+3+5 = 12 = 13-1
1+1+2+3+5+8 = 20 = 21-1
1+1+2+3+5+8+13 = 33 = 34-1

既然如此,我们逆用定义中项的表示:即有后面两项来表示前面的项,以表格中的最后一行为例,重新改写成:

$$1 + 1 + 2 + 3 + 5 + 8 + 13 = (2 - 1) + (3 - 2) + (5 - 3) + (8 - 5) +$$
$$(13 - 8) + (21 - 13) + (34 - 21)$$
$$= 34 - 21.$$

上式有点类似于裂项相消的求和结构,所以我们可以得到斐波那契数列的前 n 项和的一个简单表示: $F_1 + F_2 + F_3 + \cdots + F_n = F_{n+2} - 1$.

（二）前 n 个偶数项的和

同学们可以依据上述研究思路自行探究一下,这里我们省去观察猜想的过程,依据定义直接给出证明过程:

$$F_2 + F_4 + F_6 + \cdots + F_{2n}$$
$$= F_1 + (F_2 + F_3) + (F_4 + F_5) + \cdots + (F_{2n-2} + F_{2n-1})$$
$$= F_{2n+1} - 1.$$

值得注意的是斐波那契数列中的第一项和第二项相等,所以直接将第二项用第一项替换,而第四项根据定义用第二项和第三项的和表示,以此类推,得到上面的式子.

（三）前 n 个奇数项的和

同学们可以依据在课堂研究等差数列各项和的的思维方法进行探究,下面我们给出两种研究过程.

（1）
$$F_1 + F_3 + F_5 + \cdots + F_{2n-1}$$
$$= 1 + (F_1 + F_2) + (F_3 + F_4) + \cdots + (F_{2n-3} + F_{2n-2})$$
$$= 1 + (F_{2n} - 1)$$
$$= F_{2n}.$$

值得注意的是,第一项直接利用 1 替换,其余各项利用定义替换,最后构造出斐波那契数列各项和的结构,将之前推导的各项和的表示形式代入求得答案.

（2）
$$F_1 + F_3 + F_5 + \cdots + F_{2n-1}$$
$$= (F_1 + F_2 + F_3 + \cdots + F_{2n-1}) - (F_2 + F_4 + F_6 + \cdots + F_{2n-2})$$
$$= (F_{2n+1} - 1) + (F_{2n-1} - 1)$$
$$= F_{2n}.$$

值得注意的是,此式将前 n 个奇数项的和表示成前 $2n - 1$ 项和减去前 $n -$

1 个偶数项的和,这样可以将之前的公式直接代入.

(四)相邻两项的平方和以及各项平方和(有兴趣的同学可以自行证明,我们会在后面的章节给出独特视角的证明过程,敬请期待吧).

$$F_{n-1}^2 + F_n^2 = F_{2n-1},$$

$$F_1^2 + F_2^2 + F_3^2 + \cdots + F_n^2 = F_n F_{n+1}.$$

(五)斐波那契数列的通项公式

$$F_n = \frac{1}{\sqrt{5}} \left[\left(\frac{1+\sqrt{5}}{2} \right)^n - \left(\frac{1-\sqrt{5}}{2} \right)^n \right].$$

斐波那契数列的通项公式与黄金比关系密切,不仅如此,公式中有 $\sqrt{5}$,然而我们不断升幂处理后会发现最后的结果是整数.不信的话拿出计算器试一试吧,或许你也可以发现"卢卡斯数列"呢!(卢卡斯数列是一法国数学家爱德华·卢卡斯的名字命名的,更为有趣的是命名"斐波那契数列"的第一人就是卢卡斯.)

(六)斐波那契数列的变式

帕多瓦数列:

1,1,1,2,2,3,4,5,7,9,12,16,21……这样的数列称为帕多瓦数列.它和斐波那契数列非常相似,稍有不同的是:每个数都是跳过它前面的那个数,并把再前面的两个数相加而得出的.这个数列可以用另一幅图来表示,它是由一些等边三角形构成的(如图 19-1).为了使这些三角形天衣无缝地拼在一起,前三个三角形的边长均为 1,其后的两个三角形的边长为 2,然后依次是3、4、5、7、9、12、16、21……

六、 动手做

(一)调查报告
请寻找日常生活中涉及斐波那契数列和黄金分割的案例,详细整理分析.

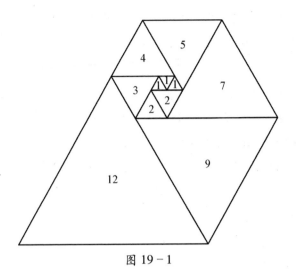

图 19-1

（二）探究下列魔术背后的数学秘密

1. 要同伴在心中想好一个数,然后按照下列步骤进行操作:

（1）要对方把想好的数乘以 3.

（2）判断第(1)步得到的结果是奇数还是偶数,如果是偶数,要他再用 2 去除;如果是奇数,要他先加上 1 然后再用 2 去除.

（3）要对方将第(2)步所得的结果乘以 3.

（4）用 9 除第(3)步得到的结果.

请对方告知第(4)步所得的商,就可以知道同伴最初想好的那个数.

2. 要同伴在心中想好一个小于 60 的数,然后按照下列步骤进行运算.

（1）用 3 除它,说出余数;

（2）用 4 除它,说出余数;

（3）用 5 除它,说出余数.

请他告知上述步骤中所得的余数,就可以知道同伴最初想好的那个数.

3. 请同伴掷两个骰子,然后记住得到的骰子上的两个点数,并且把其中任一个骰子的点数乘以 5,再加上 7,再乘以 2,最后加上两个骰子中的另一个点数,将得到的结果告知,那么你可以依据结果知道最初掷的两个点数.

4. 请同伴按顺序完成以下运算,你可以猜得最终的结果.

(1) 取任一个三位数(十进制的),要求它的首位和末位的差大于 1;

(2) 交换首位和末位的两个数字,得到一个新的三位数;

(3) 求此两个数的差;

(4) 交换这个差的首末两位数字的次序,又构成一个新的数;

(5) 将第(3)步所得的数与第(4)步所得的数加到一起.

5. 要同伴在心中想好的一个数,然后按照下列步骤进行运算.

(1) 把想好的数加 1;

(2) 取第(1)步得到的结果的负倒数;

(3) 将第(2)步所得的结果加 1;

(4) 取第(3)步得到的结果的负倒数;

(5) 将第(4)步所得的结果加 1.

请同伴告知第(5)步所得的结果,就可以知道同伴最初想好的那个数.

(提示:

1. 任一偶数可以写成 $2n$,对于它施行上述运算时,逐步所得的结果为

(1) $6n$,这仍是偶数;(2) $\frac{1}{2} \cdot 6n = 3n$;(3) $3 \times 3n = 9n$;(4) $9n \div 9 = n.$

任一奇数可以写成 $2n + 1$,对它施行上述运算时,逐步所得结果为(1) $6n + 3$,这仍是个奇数;(2) $\frac{1}{2} \cdot (6n + 3 + 1) = 3n + 2$;(3) $3(3n + 2) = 9n + 6$;

(4) $(9n + 6) \div 9 = n \cdots\cdots$ 余数,这就说明了上边的魔术.

2. 将三个余数分别表示为 a、b、c,则同伴所想的数就是用 60 除 $40a + 45b + 36c$ 时得到的余数.

3. 从同伴给的数里减去 14 而得到一个两位数,这两个数位上的数字就是原先那两个的点数.

因为假定这孩子得到的点数是 a 与 b,这些点数都是小于 10 的,将逐步运算所得结果依次表示为(1) $5a$;(2) $5a + 7$;(3) $10a + 14$;(4) $10a + 14 + b$. 所以,当你从最后的结果里减去 14 时,必得一个这样的两位数,它的两个数位上

的数字正是原先所得的两个点数.如果想要把这种游戏做得更神秘些,还可以用别的记数法编成类似的游戏.

4. 所得结果一定是1089.通过一个实例说明其中的道理

(1) 732　　$100a + 10b + c$

(2) 237　　$100c + 10b + a$

(3) 495　　$100(a - c - 1) + 90 + (10 + c - a)$

(4) 594　　$100(10 + c - a) + 90 + (a - c - 1)$

(5) 1089　　$900 + 180 + 9$

以上运算的结果完全取决于所用记数制的基数.若基数是r,则结果是$(r - 1)(r + l)^2$,如$r = 10$,则结果是9×11^2,即1089.可以用超过999的数做类似的游戏.

5. 将游戏步骤用数学符号表示:

$$x \rightarrow x + 1 \rightarrow \frac{-1}{x + 1} \rightarrow \frac{-1}{x + 1} + 1 = \frac{x}{x + 1} \rightarrow \frac{-(x + 1)}{x} \rightarrow \frac{-(x + 1)}{x} + 1$$

$$= \frac{-1}{x}.$$

最初想好的数就是所得结果的负倒数.)

第二十讲 纸牌读心术

一、 游戏导入

老师准备了一副扑克牌,由四个花色的数字 1—8,共32 张牌构成.同学可以切牌(把上面的牌放至牌堆底端),但是不能洗牌.老师让同学从中任取连续 5 张牌,只需告诉老师红色牌所在位置,老师就能说出这五张牌的花色和数字.思考:这五张牌是按照什么顺序排列的,老师是怎么知道五张牌的花色和数字的?

二、 游戏背景

巴尔的摩希尔顿酒店用一种新的密码锁替代了老式的锁.这个新的密码锁由四位 0—9 的数字组成,由顾客自己约定一个密码就可以按照这个密码打开他房间的锁.但是当顾客忘记自己设置的密码时该怎么办呢? 按照排列组合的知识,最坏的情况一共要尝试 10000 次,即需要按 40000 次按键.假设只需要输入密码的一个序列中的最后四位对了就可打开这个锁,有没有更简单的办法呢? 答案是肯定的,即构造一个序列使其所有的四元组均只出现过一次就行,最坏情况下一共需要10000+3 次按键,其中的最后的 3 次和最开始的 3 次一样.这样的序列就叫做德布鲁因序列(De Bruijn sequence). 这个纸牌游戏就是这个数列的一个应用.

三、 游戏破解

为什么从 5 张牌的颜色就能推断出这 5 张牌的花色和数字? 这个排列和德布鲁因序列又有什么关系?

首先,考虑如何将扑克牌转换成德布鲁因序列中的数字. 尝试用五位数字来表示一张扑克牌,前两位表示花色,后三位表示数字. 如下表,用二进制表示花色和数字. 花色在前,数字在后. 其中,黑色牌首位为 0,红色牌首位为 1.

表 20 - 1

花 色		数 字			
00	♠	001	1	101	5
01	♣	010	2	110	6
10	♥	011	3	111	7
11	♦	100	4	000	8

根据德布鲁因序列,存在这样 32 个数的排列,使每张扑克牌所代表的 5 个数存在且仅出现一次. 在这样的数列中,连续五张牌的颜色(黑色为 0,红色为 1)也能表示第一张牌的花色和数字了.

那么,怎么推算出后面几张牌的花色和数字呢? 在这 32 个数字构成的德布鲁因序列中,有一个特殊的序列,对于任意五个数,其后一位数由这五个数中的第一个和第三个决定. 第一个数和第三个数相同,则后一位写 0,反之为 1. 如若五位数为 10101,则后一位为 0. 数列如下:

01111100011011101010000010010110

注意,其中存在特例 00000,其后一位数为 1. 相应的,若在游戏过程中发现连续 4 个 0,则后一位也为 0.

对应的扑克牌排列如下：

♥ 3, ♠ 7, ♣ 7, ♦ 7, ♦ 6, ♦ 4, ♦ 8, ♥ 1, ♠ 3, ♠ 6, ♣ 5,

♦ 3, ♥ 7, ♣ 6, ♦ 5, ♦ 2, ♥ 5, ♣ 2, ♥ 4, ♣ 8, ♥ 8, ♠ 8,

♠ 1, ♠ 2, ♠ 4, ♣ 1, ♥ 2, ♠ 5, ♣ 3, ♥ 6, ♣ 4, ♦ 1

四、 游戏背后的数学

德布鲁因序列通常用 $B(k, n)$ 表示，其中，k 为构成序列的元素个数，n 表示子序列长度。该序列长度即为子序列的个数，k^n. 例如 $B(2, 2)$，如图 20-1 所示，由数字 0、1 组成. 四个不同子序列排列出一个由 4 个元素构成的序列.

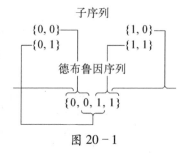

图 20-1

五、 拓展学习与思考

$B(k, n)$ 的德布鲁因序列有 $\dfrac{(k!)^{k^{n-1}}}{k^n}$ 个. 证明如下：

当 $k = 2$ 时，可以看成这个数列由 0 和 1 构成. 计算序列数量总共有多少个，其实可以看这个序列每个子序列转换成 10 进制的数最大的是多少，那么就是它的数量. 由于每相邻的子序列是相互依赖的关系，比如下一个子序列是前一个子序列左移一位再加上 0 或者 1，产生下一个子序列.

有 $s[i + 1] = (2s[i] + (0 \mid 1)) \bmod 2^n$.

由错位相减法，得数列长度为 $\dfrac{(2)^{2^{n-1}}}{2^n}$，由数学归纳法，得证.

二进制的德布鲁因序列用的比较多，主要有：

$B(2, 2)$ 由 4 位二进制位组成. 只有唯一一种情况.

$B(2, 3)$ 由 8 位二进制位组成. 有 2 种德布鲁因序列.

$B(2, 4)$ 由 16 位二进制位组成. 对应有 16 种德布鲁因序列.

$B(2, 5)$ 由 32 位二进制位组成. 对应有 2048 种德布鲁因序列.

$B(2, 6)$ 由 64 位二进制位组成. 对应有 67,108,864 种德布鲁因序列.

六、 动手做

思考,对于 $B(2, 6)$,有没有如题中同样的构造方法,通过已知的 6 个数构造出一个德布鲁因序列.

第二十一讲　凑十游戏

一、游戏导入

　　课堂上每两位学生组成一个小组,每位学生需要用手指表示 1—9 这九个数字,方法是:数字 1—5 可以用手指的个数分别对应,如一根手指表示"1",两根手指表示"2",以此类推表示"3""4""5",表示数字 6 的时候,大拇指和小拇指伸出,其余手指弯曲;表示数字 7:大拇指、食指、中指捏在一起,其余手指弯曲;表示数字 8,伸出食指和大拇指,其余手指弯曲;数字 9,除食指外其余手指弯曲,另外伸出的食指也要将指尖微微弯曲.

　　操作规则:开始时,两名同学的两只手均比出"1"的手势,并从以下操作中进行选择:① 其中一位同学(称为同学 A)选择自己的任意一只手,触碰对方同学 B 的任意一只手,触碰后自己这一只手所表示的数字则变为原数字与触碰对方同学的那一只手所代表数字的和(注意同学 A 操作后手势表示的数字相应改变,而对方玩家 B 被触碰的那一只手所表示的数字不变).② 将自己的双手相互触碰,之后自己双手所表示的数字均变为原来双手所表示的数字之和.无论是哪种选择,若触碰后两数字之和小于 10,则操作正常进行;若数字之和大于 10,则手势代表的数字为两数字之和减去 10 后所得的数字;若触碰后两数字之和等于 10 则获得胜利(在情况①中,若数字之和等于 10,则同学 A、B 都不能进行此操作). 想一想怎样让自己可以凑出十?

二、 游戏背景

凑十游戏是小孩子常玩的一种数学游戏,游戏为回合制,由两名同学轮流进行自己的回合,这样反复操作直至一方胜利为止. 每名同学在自己的回合内可以在以上两种操作中任选其一作为该回合自己所做的操作. 较有策略性而且有趣.

三、 游戏破解

游戏策略分为两种:一种是如何让自己尽快达到获胜条件,另一种是如何防止对方玩家达到获胜条件.

首先,游戏最基本的必胜态就是自己双手数字之和为 10,所以初步可以想到的游戏策略之一就是要通过两种操作使双手数字达到和为 10 这一状态,同时防止对手达到这一必胜态. 那么除了双手数字和为 10 以外,还有哪些是游戏的必胜态呢?

由于对方双手所代表的数字是不可预见的,所以单单通过操作①很难找到一种可以直接达到必胜态的情况,所以操作②是我们需要利用的关键. 通过简单的推算我们不难可以推出双手数字和不单单必须为 10 才能获胜,只要双手数字和为 5 的倍数(在该规则中仅有 5,10,15 三种数字),即可在确定步数内获得游戏的胜利,因为当双手数字和为 5 或 15 时,执行一次操作②即可使双手数字均变为"5",再执行一次操作②即可获得游戏胜利. 所以游戏一下子又多了两种必胜态,即双手数字和为 5 或 15 的时候(当然对方玩家如果在我们达到必胜态之前已经先行达到了必胜态,那我们还是会输). 所以游戏的策略又进了一步,就是要尽可能使手中数字和凑到 5 或 15,同时防止对方玩家凑到 5 或 15,而且一般情况下这两种必胜态比基本的必胜态更容易达到.

这两种情况意味着开局就有些固定的玩法.假如玩家A先进行回合,在将自己的双手数字从"1 1"变为"1 2"后,玩家B必须将自己双手数字从"1 1"变为"1 3",不然他的手中一定会出现数字"2",那么下一步玩家A只需用"2"的手触碰玩家B的"2",即可达到"1 4"这样一个必胜态.又例如玩家B先进行回合,若第一个回合玩家B就执行操作②,将手中数字变为"2 2",则玩家A也必须执行操作②,否则他的手中一定会残留数字"1",接着玩家B只需用任意一只手触碰玩家A的数字"1"即可达到"2 3"这样一个必胜态.

这些就是游戏最基本的策略,因为每个玩家的回合都有5种不同的操作可以执行(4种操作①和1种操作②),所以如果想要获胜的话,进行每一个回合时都要考虑到接下来对手可能会进行的操作和再接下来自己可能会进行的操作,需要"走一步看三步"才能让自己更有希望胜利,因此"凑十游戏"也是富有策略性的.

四、拓展学习与思考

如果稍微改变下凑十游戏的规则,这个游戏会怎样呢?例如在操作①中有规则注明"若数字之和等于十,则同学不能进行此操作",若删去这条规则,使同学通过操作①可以先使自己其中一只手到达数字"10"而退出游戏,用另外一只手和对方同学两只手继续游戏,那又会有怎样的情况呢?如果操作①中只允许右手与对方的手触碰,应该有怎样的情况?大家不妨尝试一下.一般区分先后手的简单博弈游戏总能证明其中先行或后行是必胜的,而凑十游戏是否也满足这个规律呢?

五、动手做

自己动手制作两副扑克牌,每张牌的规格相同,其中一副牌的牌面数字要求为1—4各两张;5—14各一张;加减乘除的运算符号的要求为加号5张,其余符号各4张;另外一副扑克牌是1—45数字各一张.玩法:将第一幅扑克牌打乱顺序随机摆成 6 行 6 列,要求数字和符号要间隔开(如果随机抽取的扑克都是数字就在中间留一个空格),当摆好 36 张牌之后,开始游戏:其中一个玩家 A 在另外一副扑克牌中随机抽取一张 X 作为即将开始的运算结果,然后两个玩家在 36 张扑克形成的牌阵中,从任何一个数字牌开始寻找连续 5 张牌形成一个运算式子,并使得结果为 X.

第三部分

经典数学游戏欣赏

第二十二讲 海盗分金

一、游戏导入

有 5 个海盗在海上抢到 100 枚金币,他们决定通过一种民主的方式来分配这笔财富. 投票规则如下:5 个海盗通过抽签决定每个人提出分配方案的顺序,由排序最靠前的海盗提出一个分配方案,如果有超过半数的人赞成,那么就按照这个海盗提出的分配方案分配金币,否则提出这个分配方案的海盗就要被扔到海里;再由下一个海盗提出分配方案,如果有半数或半数以上的人赞成,那么就按照他提出的分配方案分配金币,否则他也要被扔到海里,以此类推. 海盗要怎样提出分配方案才能使自己既不被扔进海里,又可以得到更多的金币呢?

二、游戏背景

海盗分金也是一个典型的博弈问题. 这里,博弈论考虑了游戏中的个体的预测行为和实际行为,并研究它们的优化策略.

博弈思想古已有之,中国古代的《孙子兵法》等著作就不仅是一部军事著作,而且算是最早的一部博弈论著作. 博弈论最初主要研究象棋、桥牌、赌博中的胜负问题,人们对博弈局势的把握只停留在经验上,没有向理论化发展.

近代对于博弈论的研究,开始于策梅洛(Zermelo),波莱尔(Borel)及冯·诺依曼(von Neumann).1944年,冯·诺依曼和摩根斯坦共著的划时代巨著《博弈论与经济行为》将二人博弈推广到 n 人博弈结构并将博弈论系统地应用于经济领域,从而奠定了这一学科的基础和理论体系.约翰·福布斯·纳什(John Forbes Nash, Jr.)随后利用不动点定理证明了均衡点的存在,为博弈论的一般化奠定了坚实的基础.纳什的开创性论文《n 人博弈的均衡点》(1950),《非合作博弈》(1951)等等,给出了纳什均衡的概念和均衡存在定理.此外,莱因哈德·泽尔腾、约翰·海萨尼的研究也对博弈论发展起到推动作用.今天博弈论已发展成一门较完善的学科.

总的来说,"博弈论"其本质是将日常生活中的竞争矛盾以游戏的形式表现出来,并使用数学和逻辑学的方法来分析事物的运作规律.既然有游戏的参与者那么也必然存在游戏规则的制定者.深入地了解竞争行为的本质,有助于我们分析和掌握竞争中事物之间的关系,更方便我们对规则进行制定和调整,使其最终按照我们所预期的目的进行运作.

三、 游戏破解

该游戏的前提是这里假设每一个海盗都是绝顶聪明而理性,他们都能够进行严密的逻辑推理,并能很理智地判断自身的得失.他们希望自己获得尽可能多的金币,但都不愿意丢掉性命.即每一个海盗都想在保全自己生命安全的前提下获取自己的最大利益,试问在这种规则下最后的分配结果是什么?

主观上看,最先提出分配方案的海盗所处的位置最不利,因为其他的海盗可能不满其分配方案,期待更好的方案被提出,或想通过把他扔进海里减少分配金币的人数,使自己获得更多的金币.但是,如果将"海盗分金"问题当成一个完全信息动态博弈来分析,所得的结论将会与我们的直觉完全不同.

每一个海盗都够在保住性命的前提下得到最多的金币.且每一轮表决后的结果都能顺利得到执行,那么抽到1号的海盗应该提出怎样的分配方案才能使自己既不被扔进海里，又可以得到更多的金币呢?

我们首先从 5 号海盗开始分析，因为他是最安全的，没有被扔下大海的风险，因此他的策略也最为简单，即最好前面的人全都死光光，那么他就可以独得这 100 枚金币了.

接下来看 4 号，他的生存机会完全取决于前面还有人存活着，因为如果 1 号到 3 号的海盗全都被扔到海里，那么在只剩 4 号与 5 号的情况下，不管 4 号提出怎样的分配方案，5 号一定都会投反对票来把 4 号扔进海里，以独吞全部的金币.哪怕 4 号为了保命而讨好 5 号，提出(0，100)这样的方案让 5 号独占金币，但是 5 号还有可能觉得留着 4 号有危险，而投票反对.因此理性的 4 号是不应该冒这样的风险，把存活的希望寄托在 5 号的随机选择上的，他惟有支持 3 号才能绝对保证自身的性命.

再来看 3 号，他经过上述的逻辑推理之后，就会提出(100，0，0)这样的分配方案，因为他知道 4 号哪怕一无所获，也还是会无条件的支持他而投赞成票的，那么再加上自己的 1 票就可以使他稳获这 100 金币了.

但是，2 号也经过推理得知了 3 号的分配方案，那么他就会提出(98，0，1，1)的方案.因为这个方案相对于 3 号的分配方案，4 号和 5 号至少可以获得 1 枚金币，理性的 4 号和 5 号自然会觉得此方案对他们来说更有利而支持 2 号，不希望 2 号出局而由 3 号来进行分配.这样，2 号就可以顺理成章地拿走 98 枚金币了.

不幸的是，1 号海盗经过一番推理之后也洞悉了 2 号的分配方案.他将采取的策略是放弃 2 号，而给 3 号 1 枚金币，同时给 4 号或 5 号 2 枚金币，即提出(97，0，1，2，0)或(97，0，1，0，2)的分配方案.由于 1 号的分配方案对于 3 号与 4 号或 5 号来说，相比 2 号的方案可以获得更多的利益，那么他们将会投票支持 1 号，再加上 1 号自身的 1 票，97 枚金币就可轻松落入 1 号的腰包了.

四、 游戏背后的数学

在"海盗分金"问题中涉及了博弈论的思想，即纳什均衡.所谓纳什均衡，指的是参与人的这样一种策略组合，在该策略组合上，任何参与人单独改变策略都不会得到好处.换句话说,如果在一个策略组合上,当所有其他人都不改变策略时,没有人会改变自己的策略,此时达到的一个平衡点,就是纳什均衡.

纳什均衡可以分成两类:"纯策略纳什均衡"和"混合策略纳什均衡".其中,纯策略是指在每个给定信息下,只能选择的一种策略.纯策略纳什均衡是指在一个纯策略组合中,如果给定其他的策略不变,其中一点不会单方面改变自己的策略.而混合策略是对每个纯策略分配一个机率而形成的策略.混合策略允许其中的每一点随机选择一个纯策略.混合策略博弈均衡中要用概率计算,因为每一种策略都是随机的,达到某一概率时,可以实现最优.因为机率是连续的,所以即使策略集合是有限的,也会有无限多个策略战略.

纯策略混合策略的一个特例,某一特定纯战略的机率为1,其他的则为0.故"纯策略纳什均衡",即参与之中的所有部分都是纯策略的;而相应的"混合策略纳什均衡",该策略之中至少有一部分采用混合策略.并不是每个赛局都会有纯策略纳什均衡,例如"海盗分金问题"就只有混合策略纳什均衡,而没有纯策略纳什均衡.不过,还是有许多赛局有纯策略纳什均衡(如囚徒困境).甚至,还有些赛局能同时有纯策略和混合策略的纳什均衡.

五、 拓展学习与思考

值得注意的是,本来海盗1看似最容易被丢进海里喂鱼,但是他牢牢把握住了先发制人的优势,结果不但没有丢掉性命,还获得了最多的金币,而海盗5貌似最安全,没有死亡威胁,甚至还能通过向海盗1发出死亡威胁,坐收渔人之利,但却由于其威胁已被其他海盗洞悉和压制,而只能获取极少的金币.

思考一:在这里除将"超过半数同意"改成"不超过半数反对"外其他规则相同,且同样假设每一个海盗都是绝顶聪明而理性,他们都能够进行严密的逻辑推理,并能很理智地判断自身的得失,使自己的利益最大化.若每一轮表决后的结果都能顺利得到执行,那么抽到1号的海盗应该提出怎样的分配方案才能使自己既不被扔进海里,又可以得到更多的金币呢?

首先,4号海盗不再需要担心自己收到5号海盗的威胁,即使开出(100,0)的方案,5号海盗反对也无效了.知道这一点的3号海盗,只需要给5号海盗一个金币,使5号海盗得到的金币比4号海盗分配的多,就能得到5号海盗的支持.2号海盗洞悉了3号海盗的策略后,只需要给4号海盗一个金币,使其得到的比3号海盗分配的多,就能得到4号海盗的支持,也就有了半数的支持了.那么,1号海盗只需要给3号和5号各一个金币,使他们得到的比2号海盗分配的多就可以了.

　　可得到各个海盗策略如下:

　　1号海盗:(98, 0, 1, 0, 1).

　　2号海盗:(99, 0, 1, 0).

　　3号海盗:(99, 0, 1).

　　4号海盗:(100, 0).

　　思考二:现在将海盗分金的人数进行扩展,设人数为 P ,求 $P \in \mathbf{N}^*$ 情况下每个方案提出者的策略.

　　1. $P \in [1, 5]$;根据上述海盗分金问题的推导,当总人数变化时,1号海盗提出方案如下:

　　$P = 1$:(100)

　　$P = 2$:无可行方案

　　$P = 3$:(100, 0, 0)

　　$P = 4$:(98, 0, 1, 1)

　　$P = 5$:(97, 0, 1, 0, 2)

　　其中人数为2的时候,方案提出者必死.

　　2. $P \in [6, 27]$;此时第一个方案提出者所需要的票数为 $\left[\dfrac{P}{2}\right] + 1$.

　　当 P 为偶数时, P 和 $P + 1$ 人所需的票数一样,即 $\left[\dfrac{P}{2}\right] + 1 = \left[\dfrac{P + 1}{2}\right] + 1$.

所以先考虑 P 为偶数的情况:除去自身的一张票外,还有 $\left[\dfrac{P}{2}\right]$ 张.

这也意味着,有 $\left[\dfrac{P}{2}\right] - 1$ 个人在这一轮中没有被分到金币.

在 $P+1$ 的时候,因为最终需要的票数还是一样的,所以就是 $\left[\dfrac{P}{2}\right]$ 个人没拿到金币.那么在 $P+2$ 的时候,需要的票数除去自己为 $\left[\dfrac{P}{2}\right] + 1$ 张,即将金币分给上一轮没有分到的人后只需要增加一票即可.

这可以得出表 22 - 1.

表 22 - 1

1	100									
2										
3	0	0	100							
4	1	1	0	98						
5	2	0	1	0	97					
6	0	1	2	1	0	96				
7	1	2	0	0	1	0	96			
8	0	0	1	1	2	1	0	95		
9	1	1	2	0	0	0	1	0	95	
10	2	0	0	1	1	1	0	1	0	94

这会得出一个解答:对于人数为 $P \in [6, 27]$ 时的第一个方案提出者,其最多能获得的金币数是:$100 - \left[\dfrac{P}{2}\right] - 1$.

但是在这个过程中,存在所假设的支持者可能在之后所提的方案中获得更高收益的情况.比如表中 $P = 10$ 时,第 5 个人可以拒绝第 10 人的方案并有几率在第 8 个人提方案时收获更多.为了排除这种随机性,给予每个支持者的金币数应大于他在之后几轮中可能拿到的最大值.

表 22 - 2

	1	2	3	4	5	6	7	8	9	
1	100									
2	100+	–								
3	0	0	100							
4	1	1	0	98						
5	2	0	1	0	97					
6	0	3	2	1	0	94				
7			3	2	1	0	94			
8			4	3	2	1	0	90		
9				4	3	2	1	0	90	

其中黄色代表的是不确定具体分配对象的情况,如表 22 - 2.

对于 $P = 5$ 时,可以确定第 3, 4, 5 列这三人的情况,并可以向下推出表格中 $P = 6$ 时的绿色部分.

对于第 1, 2 列的人,可以知道给任意一个人 2 枚金币,都一定大于他之后有可能获得的收益.

所以按照这个逻辑继续推理可以得出:对于人数为 $P \in [6, 27]$ 时,第一个方案提出者最多能获得的金币数量为: $100 - \dfrac{1}{2}\left[\dfrac{P}{2}\right]\left(\left[\dfrac{P}{2}\right] + 1\right)$.

3. $P \in [28, 35]$,以上文得出的通式进行计算会发现方案提出者的收益随人数上升而在下降,对于第 27 人,他仅能收获 9 没金币.对于第 28 人,他会少 1 枚金币去赢得足够的选票,所以他必死.于是对于第 29 人的方案,第 28 人一定无偿同意,第 29 人也就能存活的同时收获 12 枚金币.但是随着人数继续上升,第 30—33 人会遇到即便有人无偿支持也没有足够金币赢得足够选票的情况.这个困境直到有足够多的无偿支持者出现才得以解决.

六、 动手做

（一）如果有 35 个海盗来分金,依据上述研究问题的方法,探究一下分配情形如何.

（二）囚徒困境

"囚徒困境"讲述了一个警察与小偷的故事.有两个小偷 A 和 B 联合私闯民宅被警察抓住.警方将两人分别置于不同的两个房间内进行审讯,对每一个犯罪嫌疑人,警方给出的政策是:如果两个犯罪嫌疑人都坦白了罪行,交出了赃物,于是证据确凿,两人都被判有罪,各被判刑 8 年;如果只有一个犯罪嫌疑人坦白,另一个人没有坦白而是抵赖,则以妨碍公务罪(因已有证据表明其有罪)再加刑 2 年,而坦白者有功被减刑 8 年,立即释放.如果两人都抵赖,则警方因证据不足不能判两人的偷窃罪,但可以私人民宅的罪名将两人各判入狱 1 年.即如下表所示.试想两个人应该如何选择.

表 22-3

A \ B	坦　白	不坦白
坦白	(8, 8)	(0, 10)
不坦白	(10, 0)	(1, 1)

（三）枪手博弈

彼此痛恨的甲、乙、丙三个枪手准备决斗.甲枪法最好,十发八中;乙枪法次之,十发六中;丙枪法最差,十发四中.先提第一个问题:如果三人同时开枪,并且每人只发一枪;第一轮枪战后,谁活下来的机会大一些?

（对第二、三个问题给出提示:

（二）囚徒困境:对 A 来说,尽管他不知道 B 作何选择,但他知道无论 B 选择什么,他选择"坦白"总是最优的.显然,根据对称性,B 也会选择"坦白",结果是两人都被判刑 8 年.但是,倘若他们都选择"不坦白",每人只被判刑 1 年.在上表所示的四种行动选择组合中,(不坦白,不坦白)是最优情况,因为偏离这个行动选择组合的任何其他行动选择组合都至少会使一个人的境况变差.如果这两个犯人像海盗一样绝顶聪明且理性,那他们会选择都不坦白,使得两人共同利益最大化.但是,"坦白"是任一犯罪嫌疑人的占优策略,而(坦白,坦白)是一个占优策略均衡,即纳什均衡.

单从数学角度讲,这个理论是合理的,也就是选择都坦白.但是,博弈论考虑的不是理论最优,而加入了除数学条件之外其他社会因素.但在这样多维信息共同作用的社会学领域显然是不合适的.比如,从心理学角度讲,选择坦白的成本会更大,一方坦白害得另一方加罪,那么事后的报复行为以及在周围知情人当中的"出卖"角色将会使他损失更多.

我们现在处于大数据时代,为更接近事实,处理一件事就要尽可能多地掌握相关资料并合理加权分析,囚徒困境只能作为简化模型参考,具体决策还得具体分析.

(三)枪手博弈:直觉上,我们会觉得因为甲的枪法好,活下来的可能性大一些.但推理得出,枪法最糟糕的丙活下来的几率最大.

下面分析一下各个枪手的策略:

枪手甲会对枪手乙先开枪,因为乙对甲的威胁要比丙对甲的威胁更大,这是甲的最佳策略.同理,枪手乙的最佳策略是第一枪瞄准甲.乙一旦将甲干掉,乙和丙进行对决,乙胜算的概率自然大很多.枪手丙的最佳策略也是先对甲开枪.乙的枪法毕竟比甲差一些,丙先把甲干掉再与乙进行对决,丙的存活概率还是要高一些.

我们计算一下三个枪手在上述情况下的存活几率:

甲:24%(被乙丙合射 40%×60% = 24%)

乙:20%(被甲射 100%−80% = 20%)

丙:100%(无人射丙)

通过概率分析,我们发现枪法最差的丙存活的几率最大,枪法好于丙的甲和乙的存活几率远低于丙的存活几率.)

第二十三讲　幻方游戏

一、游戏导入

　　课堂上给每位学生准备 2 张印有 3 至 8 阶方格的纸. 展示并举例说明如何填充数字. 要求：把数字 1 至 9 填入 3×3 方格（3 阶），使得方格中每一行、每一列和每一条对角线上的数字之和都相等. 引入幻方的概念.

　　让学生尝试自己把 2 张纸上的 3 阶方格的都填上数字. 引导学生思考怎样填充更高阶的幻方.

　　先让学生尽力把 3、4 阶的填满. 学习完本节课，掌握由低阶到高阶的填充方法.

二、游戏背景

　　幻方是数字世界令人拍案称奇的"海市蜃楼".

　　幻方源于中国，其历史渊源流长，相传在三千年前夏禹治水的时候，洛水里浮出一只大乌龟，背上刻有奇异的图案，这就是著名的"洛书". 中国古代称为"河图"、"洛书"，又叫"纵横图". 九宫洛书蕴含奇门遁甲的布阵之道. 九宫之数源于《易经》. 幻方也称纵横图、魔方、魔阵，它是科学的结晶与吉祥的象征.

公元前一世纪,西汉宣帝时的博士戴德在他的政治礼仪著作《大戴礼·明堂篇》中就有"二、九、四、七、五、三、六、一、八"的洛书九宫数记载.洛书被公认为世界组合数学的鼻祖,它是中华民族对人类的伟大贡献之一.同时,洛书以其高度抽象的内涵,对中国古代政治伦理、数学、天文气象、哲学、医学、宗教等都产生了重要影响.

在远古传说中,幻方对治国安邦也具有积极的寓意.包括洛书在内的幻方自古以来在亚、欧、美洲不少国家都被作为驱邪避凶的吉祥物,这种地域广泛的古代图腾应该说是极其少见的.1975 年,上海人民出版社出版的自然辩证法丛书《自然科学大事年表》,对幻方作了特别的述说:"公元前一世纪,《大戴礼》记载,中国古代有象征吉祥的河图、洛书、纵横图,即九宫算,被认为是现代'组合数学'最古老的发现."还附了全书唯一的插图!

《射雕英雄传》的第 29 回和第 30 回中也有记录:(瑛姑)双手捧头,苦苦思索,过了一会,忽然抬起头来,脸有喜色,道:"你的算法自然精我百倍,可是我问你:将一至九这九个数字排成三列,不论纵横斜角,每三字相加都是十五,如何排法?"黄蓉心想:"我爹爹经营桃花岛,五行生克之变,何等精奥?这九宫之法是桃花岛阵图的根基,岂有不知之理?"当下低声诵道:"九宫之义,法以灵龟,二四为肩,六八为足,左三右七,戴九履一,五居中央."边说边画,在沙上画了一个九宫之图.

2500 年前,孔子在他研究《易经》的著作《系词上传》中记载了:"河出图,洛出书,圣人则之."最早将数字幻方与洛书相连的记载是 2300 年前的《庄子·天运》,它认为:"天有六极五常,帝王顺之则治,逆之则凶.九洛之事,治成德备,监照下土,天下戴之,此谓上皇."明代数学家程大位在《算法统宗》中也曾发出"数何肇?其筆自图、书乎?伏羲得之以画卦,大禹得之以序畴,列圣得之以开物"的感叹,大意是说,数起源于远古时代黄河出现的河图与洛水出现的洛书,伏羲依靠河图画出八卦,大禹按照洛书划分九州,并制定治理天下的九类大法,圣人们根据它们演绎出各种治国安邦的良策,对人类社会与自然界的认识也得到步步深化.大禹从洛书中数的相互制约,均衡统一得到启发而制定国家的法律体系,使得天下一统,归于大治,这是借鉴思维的开端.这种活化思维的方式已成为科学灵感的来源之一. 从洛书发端的幻方在数千年后更加生机盎然,被称为具有永恒魅力的数学问题.

十三世纪,中国南宋数学家杨辉在世界上首先开展了对幻方的系统研究,编制出了 3 至 10 阶幻方,记载在他 1275 年写的《续古摘奇算法》一书中. 在欧洲,十四世纪也开始了这方面的工作. 著名数学家费马、欧拉都进行过幻方研究,如今,幻方仍然是组合数学的研究课题之一,经过一代代数学家与数学爱好者的共同努力,幻方与它的变体所蕴含的各种神奇的科学性质正逐步得到揭示. 它已在组合分析、实验设计、图论、数论、群、对策论、纺织、工艺美术、程序设计、人工智能等领域得到广泛应用. 1977 年,4 阶幻方还作为人类的特殊语言被美国旅行者 1 号、2 号飞船携入太空,向广袤的宇宙中可能存在的外星人传达人类的文明信息与美好祝愿.

而在国外,十二世纪的阿拉伯文献也有 6 阶幻方的记载,中国的考古学家们曾经在西安发现了阿拉伯文献上的五块 6 阶幻方,除了这些以外,历史上最早的 4 阶幻方是在印度发现的,那是一个完全幻方(后面会提到),而且比中国的杨辉还要早了两百多年,印度人认为那是天神的手笔. 十三世纪,东罗马帝国才对幻方产生兴趣,但却没有什么成果. 直到十五世纪,住在君士坦丁堡的魔索普拉才把中国的纵横图传给了欧洲人,欧洲人认为幻方可以镇压妖魔,所以把它作为护身符,也把它叫作(Magic Square). 至今还有许多印度少女把"洛书"的图样佩在胸前作护身符.

三、 游戏破解

对于 3 阶幻方,应该有不少学生已经熟悉了,第一行为 4, 9, 2;第二行 3, 5, 7;第三行 8, 1, 6. 其实中间数字 5 是关键,其他数字可以微调.

一个幻方就是用一些正整数排列成的一个正方形,它的每一行、每一列以及每条对角线上的数字的和都相同. 如果这些正整数是从 1 到 n^2 的一切正整数,那么就说这个幻方是 n 阶的. 幻方中各行或各列数字的和,我们称为"变换常数",记为 N_n. 以下如无另行说明,我们所说的 n 阶幻方,都指这种 n 阶的标准幻方.根据 n 的不同性质我们又可以将幻方分类. 当 n 为奇数(即可以表示为 $2m+1$)时,称为奇数阶幻方;当 n 为单偶数(即可以表示为 $2(2m+1)$)时,称为单偶数幻方;当 n 为双偶数(即可以表示为 $4m$)时,称为双偶数幻方.

四、 游戏背后的数学

不同的 n 阶幻方有不同的解决方法.

(一) 奇数阶幻方

处理奇数阶幻方最经典的填法是楼梯法:

1) 第一行中央的数填 1.

2) 将下一个数填在右上方的方格里. 如果下一个数已经出上(右)边框,则在上(右)边想象一个同阶的幻方,将下一个数填在与想象的方格对等的位置. 如图 23-1 所示. 如果右上方的方格已经被占据,则将下一个数写在下面的方格里. 如图 23-2 所示.

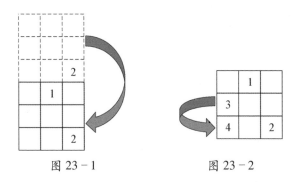

图 23-1   图 23-2

3) 重复第 2 步,直到填满整个幻方.

应用这个法则,读者可以轻而易举地编写一个 3 阶的幻方.

(二) 单偶数阶幻方

当 $n = 2(2m+1)$ ($m \in \mathbf{N}^*$) 时, 可以按下述拉尔夫·斯特雷奇(Ralph

Strachey）的法则编写 n 阶的幻方：

1）先将正方形分成四个大小相等的小正方形 A，B，C，D（如图 23-3），用德·拉·卢拜尔的方法将由 1 到 $u^2(u = 2m + 1)$ 的正整数在 A 里排成一个幻方，再将由 $u^2 + 1$ 到 $2u^2$，由 $2u^2 + 1$ 到 $3u^2$，由 $3u^2 + 1$ 到 $4u^2$ 分别在 B,C,D 里排成幻方. 显然，这四个幻方单独看时各列数字之和都是相同的.

2）再选中 A 中部分数字，包括：最中间的数字，中间一行从左数的前 $m-1$ 个数字，其他行前 m 个数字（如图 23-3 中划线的数字，此时 $m=1$）. 将划线数字与 D 中对应位置的数字互换，如图 23-4.

3）选中 C 中部分数字，包括：每一行从右向左数的前 $m-1$ 个数字，将它们和 B 中对应位置的数字互换，得到最终结果（$n = 6$ 时，$m = 1$，故无此步骤）.

A

8	1	6	26	19	24
3	5	7	21	23	25
4	9	2	22	27	20

C

D

35	28	33	1	10	15
30	**32**	34	12	14	16
31	36	29	13	18	11

B

图 23-3

A

35	1	6	26	19	24
3	**32**	7	21	23	25
31	9	2	22	27	20

C

D

8	28	33	1	10	15
30	5	34	12	14	16
4	36	29	13	18	11

B

图 23-4

（三）双偶数阶幻方

对于 $n = 4m$（$m \in \mathbf{N}^*$）的双偶数阶幻方，有很简便的一般性的构成方法，通称"对角线斜称法"，由于双偶数阶幻方的阶数 $n = 4m$，所以可以把它分成 m^2 个由 16 个方格组成的子块，然后把每一子块的对角线上的方格中的数字都与和它关于大方块中心对称的方格中的数字交换，这样得到的新方阵，即为 n 阶幻方. 图 23-5 为 $n = 4$ 的情况.

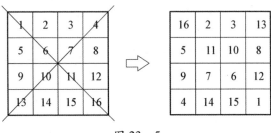

图 23-5

（四）任意阶幻方的通用方法之镶边法

镶边法是构造任意阶幻方的另一个通用方法,它是弗雷尼克尔(B. Frénicle)给出的,按照这个方法,要构造 n 阶幻方可先构造一个 $n-2$ 阶幻方,在它的每个数字上加一个正整数,然后给它增一圈方格并在这些方格里填上其余的数,使其结果成为一个幻方,这样我们就能够从一个三阶幻方逐步扩大到 5,7,9,… 阶的幻方,即一切奇数阶的幻方. 同样,还能够从个四阶幻方逐步扩大到一切更大的偶数阶幻方. 如图 23-6,首先,随便用什么方法造出内部的 $n-2$ 阶幻方,其每条线上的数字之和是 $\dfrac{(n-2)\left[(n-2)^2+1\right]}{2}$. 在它的每个数

46	1	2	3	42	41	40
5	35	13	14	32	31	5
44	34	28	21	26	16	6
7	17	23	25	27	33	43
12	20	24	29	22	30	38
11	19	37	36	18	15	39
10	49	48	47	8	9	4

图 23-6

上加 $2(n-1)$,至此,尚未出现的数字是 1,2,…,$2n-2$ 以及它们的补数 n^2,n^2-1,…,n^2-2n+3(和为 n^2+1 的数互为补数). 这些剩下的数字要放在 $4(n-1)$ 个边格里,而且每一对互补的数字要放在内部正方形的每一行、一列或一条对角线的两端,这就使两端各增一格的每一行、一列和一条对角线上的数字之和成为 $\dfrac{n(n^2+1)}{2}$. 下一步还要使镶边上的每一行、每一列中的数字之和也是这么多,这是不难试着办到的. 只要有点耐心,一层层地进行镶边,任何阶的幻方都可以造出来,当然它还有这样的性

质,如果把镶边一层层地剥掉,每次剩下的正方形都是幻方,这是数学家们非常喜爱的一个方法.

（五） 任意阶幻方的通用方法之进制法

以四阶为例,我们用如下的步骤构造一个四阶幻方:

1）制作一个拉丁方阵,即要求每行、每列和两条对角线上的 1、2、3、4 都出现且只出现一次.

2）对图 23－7 的拉丁阵 1 作转置变换,得到一个新的拉丁阵 2.

3）将两个拉丁阵进行合并,就得到一个四进制的四阶幻方.

4）将 4 进制转换为 10 进制,就得到了一个四阶幻方.

拉丁阵1

1	4	2	3
3	2	4	1
4	1	3	2
2	3	1	4

拉丁阵2

1	3	4	2
4	2	1	3
2	4	3	1
3	1	2	4

四进制的四阶幻方

11	43	24	32
34	22	41	13
42	14	33	21
23	31	12	44

图 23－7

五、拓展学习与思考

翻开整部幻方的历史,最富戏剧性的莫过于六角幻方的创造.

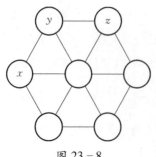

图 23－8

1910 年,一个名叫阿当斯的青年对六角幻方产生了浓厚兴趣,很自然,一层六角幻方是不存在的,因为若一层六角幻方（图 23－8）存在,则由 $x + y = y + z$,这是不允许的.

于是,阿当斯把自己的全部注意力,都集中在由 19 个数组成的两层六角幻方上. 当时,他在铁路局阅览室当职员,有空闲就不停地摆弄 1 至

19 这 19 个数,一天又一天,一年又一年,整整 47 个春秋过去了,一次次的失败、挫折,使这个昔日英俊潇洒的青年,变成了两鬓斑白的老人. 但是,他对六角幻方的兴趣并没因失败而有丝毫减弱. 在 1957 年的一天,患病的阿当斯在病床上无意中排列成功了,他惊喜万分,连忙翻身下床找纸把它记录下来. 几天后他病愈出院,到家时却不幸地发现,那张记录六角幻方的纸竟然不见了!

然而阿当斯并没有因此灰心,他继续奋斗了 5 年,终于在 1962 年 12 月的一天,重新找到了到那个丢失的图形(图 23-9),这时的阿当斯已是古稀之人! 阿当斯排出了六角幻方,激动无比,马上把它寄给幻方专家马丁·加德纳鉴赏,面对这绝妙的幻方,马丁博上顿感眼界大开,并立即写信给才华横溢的数学游戏专家特里格,特里格试图在阿当斯六角幻方的基础上对层数作出突破,但经过反复研究,特里格发现自己所作的一切努力都是无用功,两层以上的六角幻方根本不存在,也就是说六角幻方有且只有阿当斯发现的这一个. 1969 年,滑铁卢大学二年级的学生阿莱尔,对特里格的结论做出了简单而巧妙的证明(有兴趣的同学可以参见上海教育出版社出版的《游戏:拍案称奇》154 页).

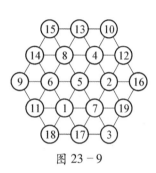

图 23-9

另类的令人迷幻的方阵,拥有一种令人惊讶的戏法. 如图 23-10 所示的阵列中,请一个人从中随便取一个数,然后把该数所在的行和列的其他数统统删去,接下来请他再取一个没有删去的数,又把这个数所在行和列上的其他数删去,如此这般,经过 5 次之后,就再也没有数留下来了,这时所取出的 5 个数的和,总是"666". 其实"666"这个数的出现只是一种随机的安排,只要愿意,我们可以构造出其他的方块,以突出和强化任何其他的数.

上述戏法的秘诀出奇地简单. 事实上,"666"可用上千种不同的办法分为 10 个数的和,我们任取其一,以作说明的例子:

8, 17, 31, 47, 52, 61, 83, 108, 119, 140 任意的顺序把上列的数写在上右图所示的 5×5 格子框的外边,现在把这些数的和,填写在相应于它们的行和列交叉点的空格子上(例如 119+83=202),在整个秘诀中,除了把"666"分为

10 个数的和之外,别无其他!

以上方阵与幻方的关系是幻方是要求同行、同列、同对角线上的数,数字和"相等",而上述方阵,则要求所有行列都取不同的数,数字和"相等".

125	191	248	169	116
48	114	171	92	39
136	202	259	180	127
69	135	192	113	60
64	130	187	108	55

	17	83	140	61	8
108					
31					
119					
52					
47					

图 23 - 10

有兴趣的同学还可以研究同阶幻方的个数. 至今五阶(或任何更高阶)幻方的个数还是一个未解决的理论问题. 实际上,三阶幻方只有一个,虽然通过镜面反射和绕中心的旋转可表现为八种形式;四阶幻方有 880 个,通过反射和旋转,它们可以表现为 7040 种不同的形式. 五阶幻方的个数尚不确切知道,从前边用五进制构造的幻方,我们可以得到 720 个形式不同的幻方,因为所用的五个个位数 0, 1, 2, 3, 4 可有 5!种排列,而进位数 0, 1, 3, 4 可以有 4!种排列,这就得到 2880 个五阶幻方,不过其中只有 720 个是实质不同的,巴协给出过一个稍微不同的五阶幻方,他把 1 放在中心格的紧邻上边,于是又可以得出另外 720 个实质不同的五阶幻方,可是,还有许多其他构造奇数阶幻方的方法.德·拉·伊尔(P. De la Hire)曾指出,用他那时所知道的方法,不计通过反射和旋转所得,就能构造 57600 个实质不同的五阶幻方,考虑到后来的其他方法,已经知道五阶幻方的总个数要大大超过一千三百万.

六、动手做

(1) 将 6—14 这九个自然数填入九宫格,使每行、每列、每条对角线上三个

数的数字的和都相等.（用罗伯法）

（2）从一个四阶幻方构造一个六阶幻方.（用镶边法）

（3）用对角线斜称法构造一个八阶幻方.

第二十四讲　数独游戏

一、游戏导入

尝试完成图 24－1 的数独，将数字 1—9 填入小方格中，使得每行、每列、以及每个加粗的 3×3 格子内数字均不重复.

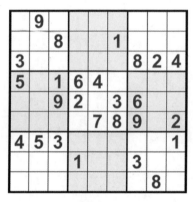

图 24－1

二、游戏背景

数独起源于 18 世纪末，其最初概念由瑞士数学家莱昂哈德·欧拉（Leonhard Euler）提出. 欧拉提出的游戏规则是将

81个数排列在9×9的格子中,使每行每列出现的数字不重复.后来,美国建筑师霍华德·加恩斯(Howard Garns)加入了每个3×3的小九宫格中的数也不能重复这一规则.这一游戏在引入日本后得以发扬光大,并被命名为"数独(Sudoku)".数独游戏主要考查玩家的观察能力、推理能力、逻辑分析能力,也是一个不错的益智游戏.

数独基本元素有:单元格,即数独中最小的单元,标准数独中共有81个;行,即横向9个单元格的集合;列,即纵向9个单元格的集合;宫,即粗黑线划分的区域,标准数独中为3×3的9个单元格的集合:已知数,即数独初始盘面给出的数字:候选数,即每个空单元格中可以填入的数字.

数独有很多不同的题型,例如:标准数独:每行每列每宫出现1—9且不重复;对角线数独(图24-2):标准数独基础上,两条对角线内数字也分别是1—9且不重复;连续数独(图24-3):标准数独基础上,相邻的两格如果是连续自然数,则用挡板标记,符合条件的情况被全部标出;额外区域数独(图24-4):标准数独规则下,2个灰色区域内数字也不重复;杀手数独(图24-5):标准数独规则下,每虚线区域内数字和等于左上角数字.

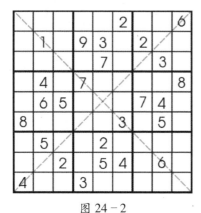

图 24 - 2

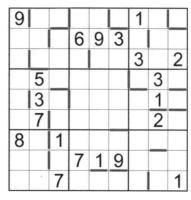

图 24 - 3

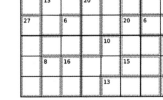

图 24 - 4   图 24 - 5

三、 游戏破解

破解数独谜题最基本的方法就是排除法. 根据条件排除一个格子内不可能出现的数; 或者一个数不可能出现的格子. 下面讲的是导入中的数独的解题思路.

为了方便说明, 我们用字母 A—I 从上往下表示数独的行, 数字 1—9 从左到右表示列.

通常, 解数独谜题的第一步都是用排除法, 根据行、列和宫中的数不重复的原则, 填充一些明显的格子. 首先, 由 B6 和 H4 的 1, 可以推出在中间的宫中, 只有 E5 可以填 1. 因此, F8、A7、C2、I1 也是 1. 用这样的思路, 我们可以得到图 24-6. 需要注意的是, 这个过程并不是一遍就结束了的. 每填出一个数, 就意味着之前无法填出的数所可能出现的格子少了一个. 因此, 该过程需要循环进行, 直到没有数可以被填出为止.

图 24 - 6

当无法直观的通过推理完成数独的时候，考虑标记每个格子里的候选数，得到图 24－7. 标记完候选数后最好的结果是出现一个格子只有一个候选数，这样的情况是直观排除法时最容易遗漏的. 接下来，分析图 24－7 里的候选数. 首先，在右上宫中，数字 9 只能出现在 B 行，因此，上中宫中 B 行的候选数 9 被划掉（若数字 9 出现在这两个格子之一，右上宫就没有地方可以填 9 了）. 接下来观察 H3 和 I3 两个格子，这两个格子有且仅有候选数 2 和 7，这就意味着，这一列和这一宫内的其他格子内不能出现这两个候选数（若这两个数中任意一个出现在该列或该宫其他地方，则会出现这两个格子只有一个候选数或没有候选数的情况）. 所以，排除 A3 和 C3 格内的候选数 2 和 7. 然后观察 C 行，C 行中的候选数 7 只出现在中间的宫中，因此，该宫中其他位置不能出现候选数 7（同理，若其他格中填入数字 7，这一行就没有位置可以填数字 7 了）. 排除中间宫格中其他位置的候选数 7 之后，发现 B4 格仅能填入数字 3. 然后得到 I5 为 3，I6 为 5……根据数的唯一可能位置和格子的唯一可能数，完成数独. 答案如下.

2 7	9	2 5 6 7	4	8	2 5 6 7	1	6 7	3
2 7	4	8	3 7 9	2 3 6 9	1	5	6 7 9	6 7 9
3	1	5 6 7	7 9	5 6 9	5 6 7	8	2	4
5	2	1	6	4	9	7	3	8
8	7	9	2	1	3	6	4	5
6	3	4	5	7	8	9	1	2
4	5	3	8	6 9	6 7	2	6 7 9	1
9	8	2 7	1	2 6	4	3	5	6 7
1	6	2 7	3 7 9	2 3 5 9	2 5 7	4	8	7 9

图 24－7

7	9	5	4	8	2	1	6	3
2	4	8	3	6	1	5	9	7
3	1	6	9	5	7	8	2	4
5	2	1	6	4	9	7	3	8
8	7	9	2	1	3	6	4	5
6	3	4	5	7	8	9	1	2
4	5	3	8	9	6	2	7	1
9	8	7	1	2	4	3	5	6
1	6	2	7	3	5	4	8	9

图 24－8

四、 游戏背后的数学

数独的解法都是由规则衍生，由推理总结得到的. 较为基础的，有唯一候选数法，及上面介绍的方法. 下介绍几种比较常见的数独解法.

（一）显性数组

上述解法中,排除 A3 和 C3 格内的候选数 2 和 7 运用的就是两位显性数组的方法.显性数组,指的是在 n 个格子里有 n 个候选数的情况.常用的有两位显性数组、三位显性数组和四位显性数组.显然,数字越少,涉及的格子数越少,便越容易被发现.在完成候选数表后,若发现在某一行、一列、或者某一空格内,存在 n 个格子,这 n 个格子内有且仅有 n 个候选数,那么该行、该列或者该宫内其他位置,不能出现这几个候选数.(若该行、该列、该宫格内其他位置出现这 n 个数之一,那么这 n 个格子只剩 n − 1 个候选数,不符合数独规则).下列图 24 − 9、24-10 和 24-11 分别为两位显性数组、三位显性数组和四位显性数组.

图 24 − 9

图 24 − 10

图 24 − 11

图 24 − 12

（二）摩天轮（Skycraper）

当数字 A 在某两行(列)均只存在两个可能位置,且其中一侧两数存在于同列(行)时,则可对另一侧两格共同影响格的数字 A 删除.

如图 24－12,第二列和第五列的数字 A 可能的位置均只有 2 个,其中有两个 A 都处在第五行,所以可以删除第一行和第二行的 A 共同影响的格子(带有五角星).

我们可以把第五行的两个 A 的情况讨论一下：若 E2 为数字 A,则 A5 为 A,四个含五角星的格内不能填 A;同理,A 在 E5 时,四个含五角星的格内也不能为 A.

（三）三链列（Swordfish）

若候选数 A 分布如图 24－13,分布在某三行三列,那么横线和斜线区域都不能出现数字 A.

类似的,还有四链列(Jellyfish).若某数字 A 的候选数分布在某四行四列的区域内,则这些行列的其他位置不能出现该候选数.

	-			-			-	
/	A	/	/	A	/	/	A	/
	-			-			-	
	-			-			-	
/	A	/	/	A	/	/	A	/
	-			-			-	
	-			-			-	
/	A	/	/	A	/	/	A	/
	-			-			-	

图 24－13

五、拓展学习与思考

（一）高难度数独谜题练习：试填制以下两个数独谜题.

			4					
7	6						9	
				1				
						4		
	7				9			8
						1		2
	8	1	2					
	3				6		5	

7								5
					9	3		
				1				
				8				4
		5				9		
2			5	7				
							8	
								7
	9	3			6			

图 24－14

（二）一个关于数独的猜想

由于我们限制数独问题解的唯一性，因此对预先设置于9×9方格盘内的数字越少，游戏的难度便显得越大，这是不言而喻的，我们可以明显地看出这一点．

当然，已知数字的个数 n 不能过少，否则解的唯一性不可能得到保证．事实上，n 显然必须大于7，因为如果不是这样，那么即使把这不多于7个的数字都集中在或某一行、或某一列、或某一个小九宫，也不足以唯一确定该行、该列、该小九宫中其余两个空格的数字．基于上述，一个世界级的数独难题是：在解唯一性的前提下，问题中所给数字个数的下限 n 为多少？

第二十五讲　称球游戏

一、 游戏导入

有 12 个小球,外观完全相同,其中有一个是坏球,它的重量和其他 11 个球稍有差距(但不知道是重还是轻).有一架没有砝码的天平.该如何测量,可以用最少的次数来确定哪个小球是坏的,并且判断坏球到底是轻了还是重了.

二、 游戏背景

思考称球问题之前,我们先来玩一个猜数字的游戏.玩家 A 心中默念一个 1—100 之间的数,让玩家 B 猜.对于玩家 B 的问题只能回答"是"或者"不是".玩家 B 会怎么猜呢? 显然,我们会从 50 开始, "是不是比 50 大?"然后问, "是不是比 25 大?"或者"是不是比 75 大?"即用二分法的策略来猜这个数.这样,能够保证每次猜测后能够排除掉正好一半的答案.也就是说,答案的两个分支的概率是相同的.如果我们不从 50 开始猜,而是从 33,那么若是这个数比 33 大,就剩下了 67 种可能答案,用一次猜测排除掉的选项就少了,从而,需要猜测的次数就多了.

同样的,对于称球问题,为了使次数最少,我们希望每次通过猜测能排除掉的可能性都是最大的. 每次"提问",天平能够给出的回答有左倾、平衡、右倾,共三个. 意味着,天平称一次,我们能够判断出三个选项中的一个;两次则能判断出 9 个可能中的一个;三次就能判断出 27 个可能中的一个. 而对于 12 个球,每个球可能是重了或者轻了,有两种可能. 因此,总共的可能有 12×2＝24 个,天平称三次就能判断出了.

三、 游戏破解

初始情况下,我们对这十二个球所知的信息就是其中有一或较轻,或较重的坏球,即以下 24 种情况:

① 1 号是坏球,且较重;

② 2 号是坏球,且较重;

……

⑫ 12 号是坏球,且较重;

⑬ 1 号是坏球,且较轻;

⑭ 2 号是坏球,且较轻;

　　……

㉔ 12 号是坏球,且较轻.

为了使第一次称重后,能得到正好 1/3 的可能,我们把 1、2、3、4 号球放在天平左边,5、6、7、8 号球放在天平右边,那么若结果是右倾,则能得到下列八种可能之一:

（1）1 号是坏球,且较轻;

（2）2 号是坏球,且较轻;

（3）3 号是坏球,且较轻;

（4）4 号是坏球,且较轻;

（5）5 号是坏球,且较重;

（6）6 号是坏球,且较重;

（7）7 号是坏球,且较重;

（8）8 号是坏球，且较重．

这里我们注意到没有必要去考虑两边球数不相等的称量．因为坏球和标准球重量之间的差别很小，小于标准球的重量，所以当天平两边球数不一样时，天平一定向球比较多的那边倾斜．所以在进行这样一称量之前，它的的结果就可以被预料到，它不能给我们带来任何新的信息．事实上，即使坏球和标准球重量之间的差别很大，也不会影响本文的结论．因为考虑这种情况会使问题变麻烦，而并不能带来有趣的结果，我们就省略对此的考虑．

对于这 12 个球的称重策略如图 25 - 1 所示．

关于 12 个球问题的解法，其实就是由一系列称重结果组成的，如：称量 1 如果右倾，称量 2 如果平衡，称量 3 如果左倾，称量 4……这样的一系列结果最终把我们引向了一个唯一可能．

所以这就提示我们用树状图来表示上面的解法：树的根是第一次称量，它有三个分支（即三棵子树，于是根有三个子节点），分别对应着在这个称量下的右倾、平衡、左倾三种情况．在根的三个子节点上，又分别有相应的称量，和它们的三个分支……给定一棵三分树（就是说除了最末端以外其他的节点都有三个子节点），在每个不是叶子的节点上给定一个称量，并且规定这个节点下的三个分支（子树）分别对应右倾、平衡、左倾的情况，我们就得到了一种称球的方法．我们把这样一棵三分树称为一个"策略"或一棵"策略树"．

通过这样一个策略树，我们可以很清晰地看到每一个测量方法和对应的结果．思考：能否修改完善策略树，当增加一个小球，其他条件不变时，用三次测量得到答案？

四、 游戏背后的数学

分析 12 球解法策略树，我们用 3 次称重，就能够推出不同的结论，且不存在两种结论，是由同样的称重判断路径得到的．同理，标准的称球问题（找出坏球并知其比标准球重或轻）的最优策略，就是那些能使不同的布局通向不同的叶子的策略．下面介绍两个具体的例子来将以上内容进行运用．

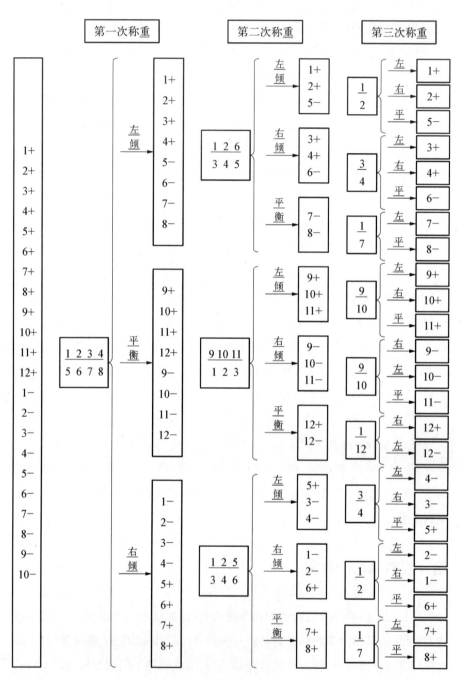

图 25 - 1

【例1】 已知27个外表完全一样的球,其中有一个球的重量较其他球稍轻.试用无砝码的天平,称量比较3次,找出这个"坏球".

解: 令 $W_左$、$W_右$ 分别为左、右盘的重量. 第一次称量, 取 N 个球分别放在天平的左右盘上. 由于"坏球"重量较轻, 所以第一次称量比较, 将出现以下两种可能:

(1) $W_左 \neq W_右$, 表明坏球在较轻的盘上. 此时, 较重盘上的 N 个球, 和留在桌面的 M 个球均为真球. 也就是说, 第二次的称重比较, 只需在(较轻盘上的) N 个球中间进行.

(2) $W_左 = W_右$, 表明坏球在桌面上的 M 个球中. 这意味着, 第二次的称量比较, 只需在 M 个球中间进行.

为了保证在两种情况下, 第二次的称量比较时球的个数都尽可能地少, 所以必须 $M = N$, 则 $2 \times N + M = 27, M = N = 9$.

上述结果表明, 在问题的条件下, 通过一次称量比较, 可以使坏球所在的范围, 缩小为原来的三分之一. 同理, 第二次的称量从可存在坏球的9个球中取6个放在天平左右盘上进行比较, 可以使坏球所在的范围缩小到3个. 而从3个球中, 再用一次称量比较, 就可以判断出坏球了.

【例2】 有 n 个球, 外表全然一样, 但其中有一个球比其他球稍重. 试问, 最少要通过无砝码的天平称量比较多少次, 才能确保从这 n 个球中找出伪球?

解: 假设无砝码的天平称量比较 k 次, 才能确保从这 n 个球中找出坏球. k 次比较最多能处理的球数为 S_k. 用与例1相同的方法, 可以推知 $S_k = 3S_{k-1}$. 因为 $S_1 = 3$, 所以 $S_k = 3^k$. 而要确保从 n 个球中找出伪球, 需要通过无砝码天平称量比较的次数 k, 显然必须满足 $S_{k-1} < n \leq S_k$, 即 $3^{k-1} < n \leq 3^k$.

当 $n = 27$ 时, $k = 3$, 即为例1答案.

五、 拓展学习与思考

至今为止, 我们所讨论的问题都有一个前提, 即坏球是单一的, 如果坏球不止一个,而是一类,即所有需要判定的球分为两类:"真球"和"坏球",它们外表都相同,只是重量略有差异.多个伪球的问题,显然要比单个伪球的问题困难.

如果球的数量极多,而且重量各不相同,这时问题将大为复杂,不过多数实践问题,都不要求严格地排序、只要能分出较轻、较重就可以了,下面介绍蒙特卡洛方法,将帮助我们如何从大量的球中去寻找较重或较轻的球.

蒙特卡洛方法说只要从所有的球中随机选取 r 个球,则其中最重(最轻)的球大致便是伪球.上述方法似乎令人难于置信,然而事实确实如此,道理也很简单.

首先,我们可以把随机抽取的 r 个球,看成是相继抽取的.当球的个数较大时,为了简化计算,不妨设每次取出球后又放回.全部的球有 M 个;其中真球有 N 个.那么每次抽到真球的可能性约 $\dfrac{M}{N}$.

随机选取 r 次,都选到真球的可能性为 $\left(\dfrac{M}{N}\right)^{r}$.随着 r 增大,$\left(\dfrac{M}{N}\right)^{r}$ 会无限接近于 0,即都选到真球的概率无限接近于 0.这就是说,在所抽的 r 个球中会含有至少一个伪球.当然,最后还要用不多于 $r-1$ 次,无砝码天平的比较,找出最重的球,一般地,它就是"坏球".

如果要将球的按重量排序,又要如何操作呢?

记有轻重不一的 n 个球:A_1,A_2,A_3,$\cdots$,A_n.令需要称量比较的次数为 k.

当 $n=1$ 时,显然无须任何比较,即 $k=0$;

当 $n=2$ 时,只需比较 1 次,即 $k=1$;

当 $n=3$ 时,需要比较 3 次,即 $k=3$.

事实上,第 1 次比较可在 A_1、A_2 之间进行,然后让 A_3 分别与 A_1、A_2 进行比较,然后才能判明 A_1、A_2、A_3 三者之间重量的大小.

当 $n=4$ 时,需要任何比较 5 次,即 $k=5$. 理由如下:

先通过 3 次比较,确定 A_1、A_2、A_3 三者之间重量的大小. 不妨令 $A_1 > A_2 > A_3$. 第 4 次比较设定在 A_4 和 A_2 与之间进行. 如果 $A_4 > A_2$,则第 5 次比较

在 A_4 与 A_1 之间进行;若 $A_4 < A_2$,则第 5 次比较在 A_4 与 A_3 之间进行. 两种情况,都能将 A_4 在 A_1、A_2、A_3 之间准确排序.

六、 动手做

在八枚外观相同的硬币中,有一枚是假币,并且已知假币与真币的重量不同,但不知道假币与真币相比较轻还是较重. 可以通过一架天平来任意比较两组硬币,思考:最少需要多少次称重可以找出这枚假币?

第二十六讲 三门问题

一、 游戏导入

三门问题是一道经典的概率问题. 请你先凭直觉得出答案.

在美国的一档电视节目上,参赛者会看见三扇关闭的门,其中一扇的后面有一辆豪车,另外两扇门后面则各藏有一只山羊. 当参赛者选定了一扇门,但未去开启它的时候,知道汽车在哪扇门背后的节目主持人会开启剩下两扇门中背后不是汽车的那一扇门,露出其背后的山羊. 主持人其后会问参赛者要不要改选另一扇门.问题是:换另一扇门会否增加参赛者赢得汽车的机会?

图 26-1

二、 游戏背景

概率论的起源与赌博有关.

千百年来赌博的流行表明人们对定量计算概率一直很感兴趣,然而对概率确切的数学描述很晚才开始出现.17 世纪中叶,有人对赌博中的一些问题产生了争论,也就是著名的"赌金分配问题".他们就这个问题询问了帕斯卡,帕斯卡和费马二人就这个问题进行了多次书信讨论.并花费了 3 年的时间最终解决了这个问题,这中间得到的许多有用的结论直接促成了概率论的诞生.随着 18、19 世纪科学的发展,人们注意到在某些生物、物理和社会现象与赌博游戏之间有着相似性,从而开始将从赌博起源来的概率论应用到这些领域中,极大地推动了概率论这门学科的发展.

概率与我们的生活息息相关,随处可见.同时渗透到各个领域.中学生在课堂学习中已经了解了基本的概率知识,但往往会被直觉所误导.本讲给出了一些经典而简单的案例,帮助学生规避其中的陷阱.

三门问题也称为蒙提霍尔悖论,出自美国的电视游戏节目 Let's Make a Deal.问题名字来自该节目的主持人蒙提·霍尔(Monty Hall).虽然该问题的答案在逻辑上并不自相矛盾,但十分违反直觉.历史上这个问题曾引起一阵热烈的讨论.

1889 年,在约瑟夫·贝特朗所著的 Calcul des probabilités 一书中,出现了一个类似的问题——"贝特朗箱子悖论"(Bertrand's Box Paradox):考虑一个内接于圆的等边三角形.随机选择圆上的一条弦,则此弦的长度比三角形的边更长的概率是多少?

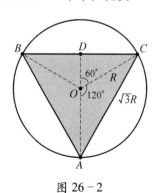

图 26 - 2

1959 年,一个实质上与三门问题完全相同的问题于以"三囚犯问题"(three prisoners problem)的形式出现在马丁·加德纳的《数学游戏》专栏中:有三个囚犯 A、B、C.第二天其中的两个人将被释放,每个人的机会均等,但释放人员已经确定,3个人都不知道谁会被释放.这时,A通过他当监狱看守的朋友那里知道了B、C中被释放的一人.于是A就想:如果确定B被释放了,那在剩下的C和A中只有一个可以被释放,这样自己的概率就变成$\frac{1}{2}$,而原来每个人被释放的概率是$\frac{1}{3}$.问:A在向看守问完情况以后,A被释放的概率会不会变成$\frac{1}{2}$,如果不会,那A,B,C三人被释放的概率各是多少?

1990年,Craig F. Whitaker于1990年寄给《展示杂志》(Parade Magazine)玛丽莲·沃斯·莎凡特(Marilyn vos Savant)专栏的信件中提出了蒙提霍尔问题的一个著名的叙述:假设你正在参加一个游戏节目,你被要求在三扇门中选择一扇:其中一扇后面有一辆车;其余两扇后面则是山羊.你选择了一道门,假设是一号门,然后知道门后面有什么的主持人,开启了另一扇后面有山羊的门,假设是三号门.他然后问你:"你想选择二号门吗?"转换你的选择对你来说是一种优势吗? 1990年,对于"蒙提霍尔问题",玛丽莲·沃斯·莎凡特(她是截至2008年为止吉尼斯世界纪录所认定拥有最高智商的人类及女性)在她专栏的回答是"改选会更有优势",这在美国引起了激烈的争议:人们寄来了数千封抱怨信,很多寄信人是科学老师或学者.一位来自佛罗里达大学的读者写道:"这个国家已经有够多的数学文盲了,我们不想再有个世界上智商最高的人来充数! 真让人羞愧!"美国陆军研究所的埃弗雷特·哈曼写道,"如果连博士都要出错,我看这个国家马上要陷入严重的麻烦了."但其实莎凡特并没有错.最后她用整整4个专栏,数百个新闻故事及在小学生课堂模拟的测验来说服她的读者她是正确的.

三、 游戏破解

三门问题的答案是:选择不换门得到汽车的概率是$\frac{1}{3}$,换门得到汽车的概率是$\frac{2}{3}$.证明如下.

为了叙述方便,我们将有汽车的门记为1,无汽车的门记为0.那么这个古典概率问题的三个等概率的基本事件是：100,010 和 001.不妨假设参赛者选择的是1号门.主持人打开一扇没有汽车的门后,三基本事件随之改变了：

$$100 \text{-> } 10$$
$$010 \text{-> } 01$$
$$001 \text{-> } 01$$

可以看到,参赛者选择不换门得到汽车的概率等于状态 10 发生的概率,为 $\frac{1}{3}$,

而选择换门得到汽车的概率等于状态 01 发生的概率,为 $\frac{2}{3}$.

也可以用一句话直观地看待这个问题：在参赛者一定选择换门的条件下,得到车的概率恰等于第一次选择选到没有车的门的概率.而第一次选择选到没有车的门的概率是 $\frac{2}{3}$.

四、 游戏背后的数学

关于三门问题的讨论至今还在继续,许多人仍然坚信换门与不换门得到汽车的概率都是 $\frac{1}{2}$.三门问题给了我们重要的启示：也许我们的直觉天生就不能帮助我们处理概率问题.

三门问题的争论其实也是语义上的.实际上,许多坚持 $\frac{1}{2}$ 为正确答案的人都是将下面两个问题混淆了：

Ⅰ三扇门其中一扇背后有一辆汽车,参赛者选定一扇门后,知道汽车在哪扇门背后的主持人打开剩下两扇门中没有汽车的那一扇门,问改选另一扇门会不会增加参赛者获得汽车的概率?

Ⅱ三扇门其中一扇背后有一辆汽车,参赛者选定一扇门后,不知道汽车在哪扇门背后的主持人随机打开剩下两扇门中的一扇,发现里面没有汽车,问改选另一扇门会不会增加参赛者获得汽车的概率?

对于问题Ⅰ,参赛者如果换门,得到汽车的概率会由 $\frac{1}{3}$ 上升为 $\frac{2}{3}$;而对于问题Ⅱ,参赛者无论是否换门,得到汽车的概率都是 $\frac{1}{2}$.

主持人在这个游戏中的作用经常被忽视了.以下假设汽车在 1 号门.参赛者有 $\frac{1}{3}$ 的概率选到 1 号门.此时,主持人知道剩下两扇门都没有汽车,对他来说 2 号门和 3 号门没有区别,随意打开 2 号门或者 3 号门中的一扇后,参赛者应该选择"不换".

当汽车在 1 号门,参赛者有 $\frac{2}{3}$ 的概率选择了 2 号门或 3 号门.这个时候,对主持人来说就有区别了.他不能打开 1 号门,参赛者选择 2 号门时他只能打开 3 号门,参赛者选择 3 号门时他只能打开 2 号门.也就是说,此时主持人的选择不再是随机的.参赛者只要选择"换",就一定能得到 1 号门背后的汽车.

因此,有 $\frac{1}{3}$ 的概率参赛者一开始就选对了,应该选择不换,有 $\frac{2}{3}$ 的概率一开始选错了,应该选择换.而参赛者是不知道自己一开始有没有选对的,所以如果选择换门,有 $\frac{2}{3}$ 的概率得到汽车,选择不换只有 $\frac{1}{3}$ 的可能得到汽车.

再来考虑问题Ⅱ的情形.仍然假设汽车在 1 号门.有以下 3 种情况:

(1)参赛者选择 1 号门的概率是 $1\frac{1}{3}$.主持人不管随机打开哪扇门,都应该选择不换门.

(2)参赛者选择 2 号门或 3 号门的概率是 $\frac{2}{3}$,主持人在剩下两扇门中选到不是 1 号门的那扇门的概率是 $\frac{1}{2}$,因此这种情况发生的概率是 $\frac{2}{3} \times \frac{1}{2} = \frac{1}{3}$,此时应该选择换门.

（3）参赛者选择 2 号门或 3 号门的概率是 $\frac{2}{3}$，主持人在剩下两扇门中选到 1 号门的概率是 $\frac{1}{2}$，这种情况发生的概率也是 $\frac{1}{3}$. 此时无论换与不换都得不到汽车了.

运用条件条件概率的相关知识易知，已知第 3 种情况没有发生，情况 1 和情况 2 发生的概率原来都是 $\frac{1}{3}$. 所以换门与不换门得到汽车的概率也都是 $\frac{1}{2}$ 了.

五、拓展学习与思考

另一个经典的与直觉相悖的概率问题是生日悖论. 假设一年为 365 天（不考虑 2 月 29 日），那么两个人同一天生日的概率是 1/365 ≈ 0.00274. 问题是，在一个房间里，至少有多少人，才能使其中两个人的生日是同一天的可能性超过 50%？

答案出人意料：如图 26-3，只需要 23 个人，就能使至少有 2 人同一天生日的概率超过 50%. 而且只要有 70 人，这个概率就会超过 99.9%. 很多人会直观地认为房间人数最少要达到 183 人，因为 183 约为是 365 的一半. 但这其实这是错误的. 生日悖论并不是自相矛盾的，但却让许多不了解概率论的人感到非常地不可思议.

生日悖论的本质是盒子模型：将 n 个不同的球放进 N 个不同的盒子中，每个盒子放球数不限，则恰有 n 个盒子中各有一球的概率为 $\dfrac{P_N^n}{N^n} = \dfrac{N!}{N^n(N-n)!}$

假设一年只有 365 天，每一天的生日概率相同. 房间中的人就相当于 n 个

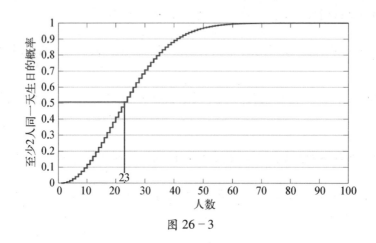

图 26 - 3

不同的小球,一年 365 天就相当于 365 个不同的盒子.因此没有两个人同一天生日的概率是 $\dfrac{365!}{365^n(365-n)!}$

因此 n 个人中至少有 2 人同一天生日的概率 $P_n = 1 - \dfrac{365!}{365^n(365-n)!}$

可以算出,$p_{20} = 0.4058$,$p_{23} = 50.7\%$,$p_{50} = 97\%$,$p_{70} = 99.9\%$……

六、 动手做

(一)做这样一个游戏:选出 n 个(n 为偶数)同学,闭上眼站成一圈.同学们先都伸出左手,让左手随机地两两拉在一起,再都伸出右手,让右手随机地两两拉在一起.睁开眼睛,看看形成了多少个圈(称作帕斯塔圈)?重复几次这个游戏,圈数有什么规律吗?圈数最少是 1,最多是 $\dfrac{n}{2}$.你能计算出形成 1 个圈、

2 个圈 …… $\dfrac{n}{2}$ 个圈的概率吗?

(二)如果你找不到那么多同学和你一起玩上面的游戏,也可以用下面这个游戏代替.将 n 条(n 为偶数)绳子排在手心中,握住中间的部分.再将绳子的

上端随机地两两打结连在一起,再将绳子的下端随机地两两连在一起.松开手心,你得到了几个绳圈? 多重复几次这个游戏,你发现了什么规律?

（三）甲和乙正在玩一个抛硬币的游戏.游戏的规则是,甲先选择一个长度为 3 的由正、反组成的序列,然后乙再选择.例如甲先选择了"反反正",乙随之选择了"正反反".连续抛硬币,直到最近三次抛出的结果是"反反正"或者"正反反".如果是前者,那么甲获胜;如果是后者,那么乙获胜.

请问,这个游戏公平吗? 若不公平,对谁更有利? 如果你是甲或乙,你会怎么选择自己的序列呢?

第二十七讲　韩信点兵

一、 游戏导入

传说韩信阅兵时,先让一队士兵5人一行排队从阅兵台前面走过,他记下最后行士兵的人数(1人);再让这队士兵6人一行排队从阅兵台前面走过,他记下最后一行士兵的人数(5人);再让这队士兵7人一行排队从阅兵台前面走过,他记下最后一行士兵的人数(4人),再让这队士兵11人一行排队从阅兵台前面走过,他记下最后一行士兵的人数(10人).韩信是如何凭这些数求得这队士兵的总人数的呢?

二、 游戏背景

在中国古代劳动人民中,长期流传着"隔墙算""剪管术""秦王暗点兵"等数学游戏.有一首"三人同行七十稀,五树梅花廿一枝/七子团圆正半月,除百零五便得知",甚至远渡重洋,流传到了日本.

这些饶有趣味的数学游戏,以各种不同形式,介绍世界闻名的"孙子问题"的解法,通俗地反映了中国古代数学一项卓越的成就."孙子问题"在现代数论中是一个一次同余问题,它最早出现在中国公元四世纪的数学著作《孙子算经》中.《孙子算经》卷下"物不知数"题说：有物不知其数，三三数之剩二，五五数之剩三，七七数之剩二. 问物几何？

1247 年南宋的数学家秦九韶把《孙子算经》中"物不知数"的方法推广到一般的情况，得到称为"大衍求一术"的方法，并将此方法写入《数书九章》中，这个结论在欧洲直到 18 世纪才由数学家高斯和欧拉发现，所以世界公认这个定理是中国人最早发现的，特别称之为"中国剩余定理".

"中国剩余定理"不仅有光辉的历史意义，直到现在还是一个非常重要的定理，1970 年，年仅 28 岁的苏联数学家马季亚谢维奇（Yuri Matiyasevich）解决了希尔伯特提出的 23 个问题中的第十问题，轰动了世界数学界，他在解决这个问题时，用到的知识十分广泛，而在一个关键的地方，就用到了我们祖先一千多年前发现的这个"中国剩余定理".

三、 游戏破解

显然，这相当于求不定方程组：$\begin{cases} N = 5x + 1, \\ N = 6y + 5, \\ N = 7z + 4, \\ N = 11t + 10. \end{cases}$

求解方法也有很多：筛选法，公倍数法，单因子构件法等. 这里介绍其中的一种：先考虑满足前 3 个条件然后再考虑条件 4.

5、6、7 的最小公倍数为 $5 \times 6 \times 7 = 210$.

除以 5 余 1 的数：6，11，16，21，….

除以 6 余 5 的数：11，17，23，….

除以 7 余 4 的数：11，18，25，….

由上得出除以 5 余 1，除以 6 余 5，除以 7 余 4 的最小正整数是 11.

然后 $210n + 11$（$n \in \mathbf{N}^*$）需要满足除以 11 余 10 的条件，易得当 $n = 10$ 时满足条件.

则此数为 $210 \times 10 + 11 = 2111$.

四、 游戏背后的数学

中国剩余定理用现在的语言表达如下：设 d_1, d_2, d_3, d_4, $\cdots$, d_n 两两互素,设 x 分别被 d_1, d_2, d_3, d_4, $\cdots$, d_n 除所得的余数为 r_1, r_2, r_3, r_4, $\cdots$, r_n, 则 x 可表示为 $x = k_1 r_1 + k_2 r_2 + \cdots + k_n r_n + kD$, 其中 D 是 d_1, d_2, d_3, d_4, $\cdots$, d_n 的最小公倍数; k_i 是 d_1, d_2, $\cdots$, d_{i-1}, d_{i+1}, $\cdots d_n$ 的公倍数、且被 d_i 除所得余数为 1; k 是任意整数.

要注意的是,使用上述定理时, d_1, d_2, d_3, d_4, $\cdots$, d_n 必须两两互素,前面的问题中 3, 5, 7 是两两互素的,所以"三三数,五五数,七七数"得余数后可用此公式,但"四四数,六六数,九九数"得余数后就不能用此公式,因为 4、6、9 并不是两两互素.非两两互素,则不能保证有解.

五、 拓展学习与思考

某单位有 100 把锁,分别编号为 1, 2, 3, $\cdots$, 100. 现在要对钥匙编号,使外单位的人看不懂,而本单位的人一看见锁的号码就知道该用哪一把钥匙.

能采用的方法很多,其中一种就是利用中国剩余定理. 例如,把锁的号码分别被 3, 5, 7 去除所得的三个余数来作钥匙的号码(余数是 0 时,也不能省略,号码总是三个数字构成的). 这样,每把钥匙都有一个三位数字的编号,例如,8 号锁的钥匙编号是 231; 23 号锁的钥匙编号是 232; 45 号镇的匙编号是 003: 52 号锁的钥匙编号是 123. 因为只有 100 把锁,不超过 105,所以锁的号与钥匙的号是一一对应的,本单位的人看见锁的号码以后,用该号码做三次带余除法,就知道该用哪一把钥匙了. 如果希望保密性再强一点儿,则可以把刚才得到的钥匙编号加上一个固定的常数作为新的钥匙编号系统,甚至可以每过一个月更换一次这个常数. 这样仍不破坏锁的号与钥匙的号之间的一一对应,而外人则更难知道了.

六、动手做

1. 一个数被 3 除余 1,被 4 除余 2,被 5 除余 4,这个数最小是几?
2. 一个数被 3 除余 2,被 7 除余 4,被 8 除余 5,这个数最小是几?

第二十八讲 田忌赛马

一、游戏导入

齐国的大将田忌,很喜欢赛马,有一回,他和齐威王约定,要进行一场比赛.各自的马都可以分为上、中、下三等.比赛的时候,齐威王总是用自己的上马对田忌的上马,中马对中马,下马对下马.由于齐威王每个等级的马都比田忌的马强一些,所以比赛了几次,田忌都失败了.

有一次,田忌又失败了,觉得很扫兴,比赛还没有结束,就垂头丧气地离开赛马场,这时,田忌抬头一看,人群中有个人,原来是自己的好朋友孙膑.孙膑招呼田忌过来,拍着他的肩膀说:"我刚才看了赛马,威王的马比你的马快不了多少呀."孙膑还没有说完,田忌瞪了他一眼:"想不到你也来挖苦我!"孙膑说:"我不是挖苦你,我是说你再同他赛一次,我有办法准能让你赢了他."田忌疑惑地看着孙膑:"你是说另换一匹马来?"孙膑摇摇头说:"连一匹马也不需要更换,你就按照我的安排办事吧."齐威王屡战屡胜,正在得意洋洋地夸耀自己马匹的时候,看见田忌陪着孙膑迎面走来,便站起来讥讽地说:"怎么,莫非你还不服气?"田忌说:"当然不服气,咱们再赛一次!"齐威王轻蔑地说:"那就开始吧!"比赛开始了,孙膑先以下等马对齐威王的上等马,第一局田忌输了.齐威王站起来说:"想不到赫赫有名的孙膑先生,竟然想出这样拙劣的对策."孙膑不去理他.接着进行第二场比赛.孙膑拿上等马对齐威王的中等马,获胜了一局.齐威王有点慌乱了.第三局比赛,孙膑拿中等马对齐威王的下等马,又战胜了一局.这下,齐威王目瞪口呆了.比赛的结果是三局两胜,田忌赢了齐威王.还是同样的马匹,由于调换一下比赛的出场顺序,就得到转败为胜的结果.

这是一个经典的博弈故事,孙膑仅仅简单调整了行动顺序就赢得了胜利.但如果这个故事继续发展,会出现什么结果呢? 比如:变成有 n 匹马,比赛 n 次,结果会怎样? 或是齐王的策略也改变了,会有什么样的变化呢?

二、 游戏背景

田忌是我国战国中期齐国的将领,他的军师孙膑据说是孙武的后世子孙,也是著名的军事家.孙膑的"斗马术"是我国古代争取总体最优的运筹思想中脍炙人口的范例,这个故事后来被传为千古佳话,成为军事上一条重要的用兵原则,即要善于用局部的牺牲去换取全局的胜利,从而达到以弱胜强的目的.他的基本思想是不强求一局的得失,而争取全盘的胜利.这是一个典型的博弈问题.

运筹,古已有之;但运筹成为一门学科,则是近代的事情."运筹学"是由英文 Operations Research 翻译过来的,其原意是"运作研究"或"作战研究".我国学术界 1955 年开始研究运筹学时,正是从《史记》"运筹帷幄中,决胜千里外"一语中摘取"运筹"一词作为 Operations Research 的意译,是"运用筹划、以智取胜"的含义."运筹"二字,既显示该学科的军事起源,也表明它在我国已早有萌芽.因此,以"运筹学"为译名是非常恰当的.

三、 游戏破解

假设现在要比赛 n 次,齐威王与田忌均有 n 匹马,分为 n 等.齐威王的每一等马都比田忌相同等级的好,但不如田忌上一等级的马好,且按照第 $1-n$ 等行动,田忌有多少种获胜策略? ($n \geqslant 4$)

将齐威王的马编号为 $a1$、$a2$……an，田忌的马编为 $b1$、$b2$……bn，比赛用 "−" 表示.

$n = 4$ 时,田忌有 $b4 - a1$, $b1 - a2$, $b2 - a3$, $b3 - a4$ 一种获胜策略.

$n = 5$ 时,田忌有 $b4 - a5$, $b1 - a3$, $b2 - a2$, $b3 - a1$, $b5 - a5$, $b3 - a3$, $b2 - a4$.

表 28 - 1

1	$b5 - a1$	$b1 - a2$	$b2 - a3$	$b3 - a4$	$b4 - a5$
2	$b5 - a1$	$b2 - a2$	$b1 - a3$	$b3 - a4$	$b4 - a5$
3	$b5 - a1$	$b1 - a2$	$b3 - a3$	$b2 - a4$	$b4 - a5$
4	$b4 - a1$	$b1 - a2$	$b2 - a3$	$b3 - a4$	$b5 - a5$
...	……	……	……	……	……

由于只需要三胜,即至少三场中 $n(b) > n(a)$,所以最多有两场 $n(b) \leq n(a)$.因为第一场 $n(b) \leq 1(a)$,故后四场比赛中田忌只能输一场.若第一场不是 $b5 - a1$,那必有 $b5 - a5$,则只有一种获胜策略,否则有 4 种获胜策略.共有 8 种获胜策略.

由表 28-1 可以看出,随着赛马(博弈)次数的增加,田忌的获胜策略也急剧增加.这是由于齐威王马的出场顺序不变,而田忌永远只需要获得相对更多的胜利即可.由于田忌后手,只要进行思考就一定能获胜.准确的说,田忌赛马属于决策论的范畴,而非博弈论.决策论和博弈论的区别是:决策论,是对一个给定的策略(齐威王的策略),找出其特点和逻辑并研究对应的最优策略(孙膑-田忌的策略).而博弈论指双方的策略都不确定,需要猜测以为本方获取最大收益.

四、拓展学习与思考

（一）如果双方都不知道对方策略

不完全信息静态博弈,是指至少某一个局中人不完全了解另一个局中人的特征,即不知道某一参与人的真实类型,但是知道每一种类型的出现的概率.

如果设上等马为 a,中等为 b,下等为 c,马出场的决策一共六种: abc, acb, bac, bca, cab, cba, 如表 28-2.

表 28-2

田/齐	abc	acb	bac	bca	cab	cba
abc	齐胜	齐胜	齐胜	田胜	齐胜	齐胜
acb	齐胜	齐胜	田胜	齐胜	齐胜	齐胜
bac	齐胜	齐胜	齐胜	齐胜	齐胜	田胜
bca	齐胜	齐胜	齐胜	齐胜	田胜	齐胜
cab	田胜	齐胜	齐胜	齐胜	齐胜	齐胜
cba	齐胜	田胜	齐胜	齐胜	齐胜	齐胜

故田忌胜出的概率永远为 $\dfrac{1}{6}$.

(二) 齐威王知道了孙膑的策略

齐威王策略未必每次都一样(孙膑猜测齐威王王赛马的顺序其实也是一种博弈),所以"田忌赛马"这个典故可以看做是非合作博弈,也是零和博弈,它同时也是一种不完全信息状态下的动态博弈.这种博弈则是博弈论中最为复杂的模型,也称动态贝叶斯博弈.序列均衡是非完全信息动态博弈的核心概念.

一个动态贝叶斯博弈的扩展式为 $\{N, H, P, I, p, u\}$,其中 N 为参与者集合, $N = \{0, 1, 2, \cdots, n\}$, 0 代表自然.从博弈开始到博弈结束所有可能的行动序列 $\{a0, a1, \cdots, am\}$, m 为任一自然数,表示一个全历史包含的行动次数. P 为参与者函数即对于每一个子历史 h, $P(h)$ 将其映射成自然或是其他参与者. I 为信息空间. p 为自然的概率分布函数,其表示当自然行动时,自然以多大概率选择某个行动. u 表示参与者的偏好,其定义是在全历史结果上的收益函数.

在"田忌赛马"博弈中,参与者集合 $N = \{0, 1, 2\}$, 0 代表自然. H 是全历史集合,表示所有可能的行动序列{上中下,上下中,中上下,下上中,下中上,中下上},即共有六个可能的行动.在此博弈中,由于是齐威王先行动,所以无论马出场顺序如何,作为自然的孙膑总是可以帮助田忌,以下等马对上等马,以中等马对下等马,以上等马对中等马(顺序无先后),这样如果把三场全胜看做"1"的话,那么田忌总有"$\frac{2}{3}$"的收益.也就是说田忌有100%的可能获得$\frac{2}{3}$的收益.齐威王由于过分自信或者智商不高,未能识破此中玄机,所以败下阵来.但在现实生活中,一方的决策是严格保密的,作为自然的"孙膑"并不可能事先知道"齐威王"的决策,而齐威王有六种行动序列,相对应,"田忌"也有六种,我们说过,只有一种情况可以助"田忌"胜出,所以"田忌"获胜的概率仅为$\frac{1}{6}$.P为参与者函数即对于每一个子历史h,$P(h)$将其映射成自然或是其他参与者.在此博弈中,假设一个子历史"上中下",那么$P(h)$作为一个映射将有六种;一共有六个子历史,所以$P(h)$应该有36种.I是信息空间.假设$I1$是齐威王的信息空间,$I1=${上中下,上下中,中上下,下上中,下中上,中下上}$,$I2$同$I1$,因为他同样不知道对方的策略.

在"田忌赛马"这个非完全信息动态博弈中,还有一个很重要的因素需要我们注意,即参与者可能临时改变策略,这也更带来了决策的复杂性和不稳定性.因为一场赛马是由三局比赛构成的(非同时进行),假设第一局结束后,参与者肯定要根据这一局得结果变换策略,同时也能观察到一部分对方的策略,这么说来,双方获胜的概率就不是齐威王$\frac{5}{6}$,而田忌$\frac{1}{6}$的概率了,需要更复杂的计算.

客观而言,直到今天也没有能适用所有非完全信息动态博弈的均衡概念,也缺乏一个普遍的方法来求解动态博弈的序列均衡.这样,"田忌赛马"博弈不是人们想象中的那么简单的一个博弈,反而是博弈类型中最复杂的非完全信息动态博弈,应该对这个博弈有一个全新的认识.并且,在这个博弈中,至少包含着两个子博弈,这更加剧了此博弈的复杂性.

五、 动手做

1. 如果将"田忌赛马"改为静态博弈,且齐威王与田忌交换了下等马,田忌怎样行动才能使获胜概率最高? 如果换的是其他马,或比赛总数/换马数量改变?

2. 如果齐国宰相也参与赛马,三人约定比赛五场,如表28-3.

表 28-3

马/等第	1	2	3
1	齐威王	田忌	宰相
2	齐威王	田忌	宰相
3	田忌	齐威王	宰相
4	宰相	齐威王	田忌
5	宰相	田忌	齐威王

当一方决策确定,另外两方静态博弈时,谁胜率高?

3. 若田忌与齐威王比赛且双方共三匹马(速度均是齐威王快),但田忌的马休息两轮后可以继续比赛,齐威王需休息三轮.共比赛七场,谁胜率大?

第二十九讲　帽子戏法

一、 游戏导入

4个犯人被逮捕后送到了监狱,但是监狱满员了.狱长发现没有地方关押犯人,便想出了一个谜题:他找来了3顶黑帽子和2顶白帽子,让4个犯人排成一列,给4个犯人随机戴上这5顶帽子中的一顶.每个犯人不能回头,只能看到在他前面的所有人头上的帽子颜色.狱长从最后一个人开始向前依次问这4个犯人"你知不知道你的帽子颜色?"4个犯人只能回答"知道"或者"不知道".如果其中有一个犯人知道并且说对了他的帽子颜色,四个人就可以被释放;如果判断错误,那么四个人都要被处决.求生欲使四个犯人变得绝顶聪明,他们要怎么样才能活下来呢?

二、 游戏背景

"帽子戏法"问题是数学推理和逻辑分析的一个应用.其有趣之处在于,仅通过"知道"和"不知道"的回答,到最后,就有人都能够知道他的帽子颜色.该问题条件可以千变万化,衍生出许多有意思的推理谜题,本讲将会介绍其中的一些题目的逻辑分析.

三、 游戏破解

首先,如果最后一个犯人看到前面出现了 3 顶黑帽子,或者 2 顶白帽子,那么他就可以知道自己的帽子颜色.如果他说不知道,就意味着前面三个人的帽子一定有且仅有 1 顶白帽子.第二个被问到的犯人知道这一信息,也就也就能判断自己的帽子颜色了.

思考:当犯人变成 5 人,有 4 顶黑帽子、3 顶白帽子时,犯人能够逃脱么?如果有 6 人,6 顶帽子,1 黑 2 白 3 红,他们能够逃脱么?如果他们不能听见别人的回答,他们还有可能逃脱么?

四、 游戏背后的数学

聪明的犯人们刚想离开,却被狱长拦住了.狱长又出了一道题:他又找来了 1 顶黑帽子和 1 顶白帽子,给 4 个犯人随机戴上这 7 顶帽子中的一顶.让 4 个犯人围成一圈,他们只能看到另外三个人头上的帽子颜色.轮流提问每个人,同样地,只要有一个人说对了帽子的颜色就释放这四个人,这一次,他们能否全身而退呢?

除了最开始帽子的颜色和数量之外,每次对一个犯人的提问的答案都能提供新的信息.接下来我们对可能的四种情况(四顶帽子分别为黑黑黑黑、黑黑黑白、黑黑白白、黑白白白)进行逐一分析.黑色记作 B,白色记作 W.

1. 黑黑黑黑

犯人 A 看到另外三顶帽子都为黑色,自己可能是黑色或者白色,所以他回答了“不知道”.犯人 B 看到另外三顶帽子都为黑色,进行分析如下:

ⅰ.犯人 A 看到了三顶黑色的帽子,那么自己是黑色的;

ⅱ.犯人 B 看到了两顶黑色的帽子和一顶白色的,那么自己是白色的.

上述两种情况都有可能,所以犯人 B 也回答“不知道”

接下来,犯人 C 就知道自己的帽子颜色了.C 进行的推理如图 29 - 1,由自己看到的三顶黑帽子可推出,A 和 B 看到的都有可能是 BBB 或者 BBW,C 也可能是白色或者黑色,所以他也回答"不知道".

最后,D 将 C 可能看到的两种情况进行分析(图 29-1 和图 29-2),推知自己的帽子颜色为黑色.

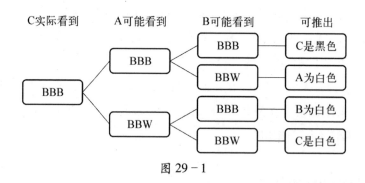

图 29-1

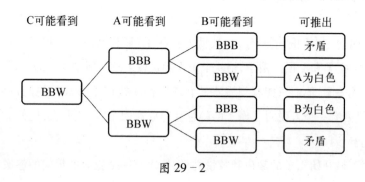

图 29-2

2. 黑黑黑白

此情况与上一情况类似,参考图 29-1 和图 29-2,聪明的犯人 D 解救了大家.

3. 黑黑白白

第一位黑帽子犯人回答"不知道".之后第二位黑帽子犯人就知道了自己的帽子颜色,因为同样看到了两顶白色的帽子,如果自己的帽子是白色的,犯人 A 应该能知道自己的帽子颜色,但是犯人 A 并不知道,所以自己也是黑色.并且,之后犯人 C、D 也能够知道自己的帽子颜色.但是在这一情况下,犯人 A 并不能知道自己的帽子到底是白色还是黑色的,因为他并不知道犯人 B 的判断是不是基于他提供的信息.

4. 黑白白白

这一情况是最为简单的,黑帽子的犯人看到另外三个人都是白帽子,那么自己必然是黑帽子.他第一个知道了自己的帽子颜色,而另外三个人看到戴黑帽子的犯人不需要其他的条件就知道了自己的帽子颜色,就知道只能是三白一黑的情况,也知道自己的帽子颜色了.

五、 拓展学习与思考

有这样一个村子,里面的村民大多数是蓝色眼睛的,其中掺杂着少量红色眼睛的人,所有村民都不照镜子,也不能说别人眼睛的颜色.村里有个奇怪的规则,一旦他们知道自己的眼睛颜色,就必须在当天晚上自尽.

后来有一天来了一个不知道村中规矩的外地人,在晚上全村聚会的时候说:"原来你们之中还有红色眼睛的人啊!"

假设每一个村民都有很好的逻辑推理能力,绝对服从村中规定,而且每天都会与所有其他村民见一次面.那么在接下来的若干天会发生什么?

如果村里只有 1 个红眼睛的人,那么在第二天晚上,这一个红眼睛的人会自杀,接着,第三天晚上,所有蓝眼睛的人也自杀了.

如果村里有 2 个红眼睛的人,第二天,两个红眼睛的人都只看到一个红眼睛的村民,但是第二天晚上发现对方都没有自杀,于是第三天晚上,他们两个一起自杀了.因为第二天他们都以为晚上对方会自杀,但是并没有,就说明他们都看到了另一个红眼睛的人,即他们自己.

以此类推,若岛上有 N 个红眼睛的人,那么在外村人参与全村聚会后的第 N 个晚上,红眼睛的人都会自尽,后一天晚上,所有蓝眼睛的人也自尽了.

这个问题中,必须要有外乡人的触发,"一个红眼村民自己知道有红眼村民"和"一个红眼村民知道其他红眼村民也知道有红眼村民"是不一样的.

六、 动手做

（一）思考,监狱长给犯人出的第二道谜题中,当提问顺序改变,且不允许其他犯人抢答时,这些犯人还能不能活下来?

（二）艾伯特和伯恩遇见了查理,两个人问查理的生日,查理想了想说:"我给你们一些信息线索,我的生日就在其中."于是他给两个人一张表格(如表29-1).

表 29-1

	14 日	15 日	16 日	17 日	18 日	19 日
5 月		√	√			√
6 月				√	√	
7 月	√		√			
8 月	√	√		√		

然后又悄悄的告诉艾伯特自己生日的月份,告诉伯恩自己生日的日期.艾伯特看着表格说"我无法知道查理的生日,而且我敢肯定伯恩也不知道."这时候伯恩说:"刚开始我是不知道的,但是听你讲完我现在知道查理的生日了.""是这样啊,现在听你讲完,我也知道了查理的生日."艾伯特说.

同学们你们知道查理的生日了吗?

（三）两位俄罗斯数学家在飞机上相遇."如果我没有记错的话,你有三个儿子."伊凡说,"他们现在多大了?""他们年龄的乘积是 36,"艾格说,"他们年龄的和恰是今天的日期.""对不起,艾格,"一分钟后,伊凡开口说道,"你并没有告诉我你儿子的年龄.""哦,忘记告诉你了,我小儿子是红头发的""啊,那我就很清楚了,"伊凡说,"我现在知道你的三个儿子各是多大了."

伊凡是怎么知道他们的年龄的呢?

第三十讲　约瑟夫问题

一、游戏导入

囚犯释放问题：编号为 1 到 n 的 n 个囚犯围坐成一圈，监狱长将从中选择一个释放。他从 1 号囚犯开始，每隔一个人让一名囚犯出列，最后剩下的那个人就可以被释放。例如 $n = 4$ 的情形：保留 1 号，2 号出列；保留 3 号，4 号出列；此时剩下 1 号，3 号，依然继续保留 1 号，3 号出列；最后 1 号被释放。那么，已知有 n 个人的情况下，站在哪个位置的囚犯会被释放？

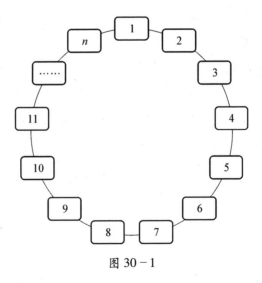

图 30－1

二、 游戏背景

囚犯释放问题来自于约瑟夫问题.弗拉维奥·约瑟夫是公元 1 世纪的一名犹太历史学家.当时,为了躲避罗马人的追击,他和他的朋友还有其余 39 个士兵被困在一个山洞中.士兵们宁愿自杀也不愿意被俘虏.因此决定围成一圈,从第一个人开始每隔两个人自杀(第一个自杀的是 3 号).约瑟夫和他的朋友却不想赴死,因此先假装遵从,然后分别站在了第 16 个和第 31 个位置,最终存活了下来.

17 世纪的法国数学家加斯帕在《数目的游戏问题》中讲了这样一个类似的故事:30 个人在海上遇险,只有将一半的人投入大海,其他人才能幸免遇难.于是他们想了一个办法:30 个人围成一圆圈,从第一个人开始依次报数,每次报到 9 的人扔进大海,如此循环进行直到仅余 15 个人为止.问排在哪些位置的人能存活下来?

约瑟夫问题还有很多其他版本,例如有的版本里只有约瑟夫和 39 个士兵,且每隔 6 个人自杀.但这一类问题的一般形式都是,编号 1 到 n 的人围成一圈,从第一个人开始,每次跳过 $k-1$ 个人,第 k 个人出列,问最后剩下的人的编号是多少.

三、 游戏破解

囚犯释放问题是 $k=2$ 的情形.我们先列举出 n 较小时的获胜者(如下表),以发现规律.表中 $f(n)$ 表示最后剩下的人的编号.

表 30-1

n	$f(n)$	n	$f(n)$	n	$f(n)$
1	1	4	1	7	7
2	1	5	3	8	1
3	3	6	5	9	3

n	$f(n)$	n	$f(n)$	n	$f(n)$
10	5	16	1	22	13
11	7	17	3	23	15
12	9	18	5	24	17
13	11	19	7	……	……
14	13	20	9	31	31
15	15	21	11	32	1

我们发现,每个 2 的整数次幂对应的胜者编号都是 1,且在两个 2 的整数次幂之间的胜者编号依次是 1, 3, 5, 7……

因此我们可以大胆猜测:

1) 只要总人数是 2 的次幂,那么胜者的编号就是 1.

2) 从 2^m 和 $2^{m+1} - 1$ 的胜者的编号是 1, 3, 5, 7, 9, …, $2^{m+1} - 1$,是公差为 2 的等差数列.

即当 $n = 2^m + l$,其中,m, $l \in \mathbf{N}^*$, $0 \leqslant l < 2^m$ 时,$f(n) = 2l + 1$.

四、 游戏背后的数学

下面来证明上述猜测.

当 $n = 2^m$(k 为整数)时,因为此时总人数为偶数,那么第一轮中所有偶数位的人都会出列,人数剩下 $\dfrac{n}{2}$. 第二轮仍从 1 号开始,在其后面又有 $\dfrac{n}{4}$ 个人出列……一直做下去,1 号位永远不会出列,他就是最后的胜者.

当 n 不是 2 的次幂时,先将它表示为 $n = 2^m + l$,其中 $l < \dfrac{n}{2}$. 注意到通过游戏进行人数变为 2^m,此时已有 l 个人出列,由于 $l < \dfrac{n}{2}$,所以此时还没进入第

二轮.剩下的这 2^m 个人中下一个报数的人就相当于上一种情况的 1 号,他就是最后的胜者.而下一个报数的人的编号是 $2l + 1$.

综上所述,当 $n = 2^m + l$,其中 $m, l \in \mathbf{N}^*$,$0 \leqslant l < 2^m$ 时,$f(n) = 2l + 1$.

五、 拓展学习与思考

更一般的情形是怎么样的呢? 以 $k = 7$ 为例,我们同样先通过列表探索规律.

表 30 - 2

n	$f(n)$	n	$f(n)$	n	$f(n)$	n	$f(n)$
2	2	9	2	16	12	23	1
3	3	10	9	17	2	24	8
4	2	11	5	18	9	25	15
5	4	12	12	19	16	26	22
6	5	13	6	20	3	27	2
7	5	14	13	21	10	……	……
8	4	15	5	22	17		

可以发现递推规律为:当 $n > 2$ 时,$f(n) = (f(n - 1) + 7) \bmod(n)$,其中若余数为 0 则代表编号为 n 的人获胜.

由此我们可以猜测出 n 个人每隔 $k - 1$ 个出列的胜者编号 $f(n, k)$ 的一般形式为:$f(n, k) = (f(n - 1, k) + k) \bmod(n)$.

实际上,在第一个编号为 k 的人出列后,还剩下 $n - 1$ 个人,下一个报数的是第 $(k \bmod n) + 1$ 个人. 而如果我们从 1 开始数,$n - 1$ 个人中的胜者编号是 $f(n - 1, k)$,因此将第 $(k \bmod n) + 1$ 个人重新编号为第 1 个人后,就可以递归到 $n - 1$ 个人的情况,这就是式子 $f(n, k) = (f(n - 1, k) + k) \bmod(n)$ 的意义.

由于 $k \geqslant 3$ 的情形没有显式的表达,我们一般借助编程来实现求解.

六、 动手做

（一）在囚犯释放问题（$k=2$）中，1 号囚犯被释放了，囚犯的总数在 40 到 100 之间，请问囚犯的总数具体是多少？

（二）若囚犯的总数在 40 到 100 之间，最后一名囚犯（编号为 n）被释放，那么 n 的值为多少呢？n 的值是唯一的吗？

（三）如果规则改变，不是最后一个人被释放，而是倒数第二个囚犯被释放，那么策略又是什么？

主要参考文献

［1］（美）Anany Levitin,（美）Maria Levitin 著,赵勇、徐章宁、高博译:《算法谜题》,人民邮电出版社 2014 年版.

［2］（美）阿瑟·本杰明著,胡小锐译:《12 堂魔力数学课》,中信出版社 2017 年版.

［3］（美）邦迪、（美）默蒂著,吴望名等译:《图论及其应用》,科学出版社 1984 年版.

［4］单遵著:《趣味的图论问题(第二辑)》,中国科学技术大学出版社 2011 年版.

［5］顾沛编:《数学文化》,高等教育出版社 2008 年版.

［6］顾森著:《思考的乐趣:Matrix67 数学笔记》,人民邮电出版社 2012 年版.

［7］顾森著:《浴缸里的惊叹:256 道让你恍然大悟的趣题》,人民邮电出版社 2014 年版.

［8］郭民、秦德生编著:《智慧数学》,吉林人民出版社 2010 年版.

［9］（英）劳斯·鲍尔、（加）考克斯特著,杨应辰等译:《数学游戏与欣赏》,上海教育出版社 2001 年版.

［10］李尚志著:《数学大观》,高等教育出版社 2015 年版.

［11］（美）罗纳德 J. 古尔德著,庄静译:《让你爱上数学的 50 个游戏》,机械工业出版社 2015 年版.

［12］（美）马丁·加德纳著,胡乐士译:《意料之外的绞刑和其他数学娱乐》,上海教育出版社 2003 年版.

［13］（日）神永正博著,孙庆媛译:《数学思考法:解析直觉与谎言》,人民邮电出版,2018 年版.

［14］吴鹤龄著:《七巧板、九连环和华容道:中国古典智力游戏三绝》,科学出版社 2008 年版.

［15］（美）伊凡·莫斯科维奇著,蒋励、康俊译:《1000 个思维游戏》,南海出版公司 2005 年版.

［16］易南轩著:《数学美拾趣》,科学出版社 2008 年版.

［17］（日）樱井进著,陈晓丹译:《有趣得让人睡不着的数学》,人民邮电出版社 2012 年版.

［18］（日）永野裕之著,刘安格译:《数学脑如何唤醒》,北京时代华文书局 2016 年版.

［19］张远南、栾少波著:《游戏:拍案称奇》,上海教育出版社 2011 年版.

后　记

　　千回百转,诚惶诚恐,这门华东师大二附中校本课程《围绕游戏,漫步数学》终于结集完毕了.本书中游戏教学素材的选择可谓"千锤百炼",不仅要符合学生现有的知识水平,还要兼顾适当的知识、方法的引申,最重要的是这些内容可以在课堂教学中实现.在每一讲的模块设置方面,游戏背景和游戏背后的数学尤其"百感交集",某些游戏是长期生活实践传承的,没有曲折有趣的历史故事,背后的数学知识也比较简单;某些游戏背后的数学知识却又和玄妙高深的现代数学接轨.就是这样摸索中尝试,结合了学生的反馈,努力呈现"自助餐"式的选择空间.

　　教材编写时作者特别关注如何创设、组织这些游戏活动,并力求通过游戏激发学生去主动探求背后的数学,真正实现在"玩中学,学中玩".当然,每一讲的名字选择也是绞尽脑汁,希望可以不失简洁、雅致又可以激发兴趣.希望大家读完本书之后,可以对数学游戏产生兴趣,可以找到"数学好玩"的感觉.这本书中很多有趣的数学知识都是在研读各类科普读物中获得的.当然也如阿瑟·本杰明教授曾经说过的一样:希望大家可以对数学方面的书籍产生兴趣,因为这类好书很多.作者精心选择了这三十讲,特别希望可以为一线教师开设此课程提供有益的借鉴.

施洪亮老师长期致力于"游戏与数学"课程的开发和资源库的建设,四年的教学实践积累的案例是本书付梓的基础.在编写过程中,施校长为全书筹划格局、搭建框架、选定篇目,在材料的选择和编写体例方面给予方向性的指导.我跟随施老师旁听了两年"游戏与数学"课,厘清了课程脉络与教学思想,在本书编写中主要负责具体章节内容的组织、串接和文字审定修改工作,在施老师课堂教学案例的基础上,根据章节需要补充了一些新的案例,形成了这本《围绕游戏,漫步数学》.

感谢数学前辈们的辛勤成果,使得我们可以博采众长;感谢华东师范大学出版社的大力支持;感谢廖长青、谭天、任晏黎在后期整合及文字修订过程中付出的努力;特别感谢熊斌教授在奥地利领取国际数学教育大奖的间隙为本书作序.

2018年恰逢华东师大二附中60周年校庆之际,特结集本书献礼于学校.时间紧任务重,才疏学浅,百密一疏,难免有错漏和不完善,敬请读者海涵并指正.

何智宇

图书在版编目（CIP）数据

围绕游戏,漫步数学／施洪亮,何智宇编著.—上
海:华东师范大学出版社,2018
ISBN 978-7-5675-8250-7

Ⅰ.①围…　Ⅱ.①施…②何…　Ⅲ.①中学数学课—
初中—教学参考资料　Ⅳ.①G634.603

中国版本图书馆CIP数据核字(2018)第202763号

围绕游戏，漫步数学

编　　著　施洪亮　何智宇
策划组稿　王　焰
项目编辑　王国红
审读编辑　陈　震
装帧设计　卢晓红

出版发行　华东师范大学出版社
社　　址　上海市中山北路3663号　邮编200062
网　　址　www.ecnupress.com.cn
电　　话　021-60821666　行政传真021-62572105
客服电话　021-62865537　门市(邮购)电话021-62869887
地　　址　上海市中山北路3663号华东师范大学校内先锋路口
网　　店　http://hdsdcbs.tmall.com/

印刷者　苏州工业园区美柯乐制版印务有限公司
开　　本　787毫米×1092毫米　1/16
印　　张　14.5
字　　数　195千字
版　　次　2018年9月第1版
印　　次　2024年3月第2次
书　　号　ISBN 978-7-5675-8250-7
定　　价　56.00元

出　版　人　王　焰

(如发现本版图书有印订质量问题,请寄回本社客服中心调换或电话021-62865537联系)